ルワンダ 闇から光へ

命を支える小さな働き

竹内 緑

日本キリスト教団出版局

絵　大庭明子

インタビュー どうして、アフリカで働くのですか？

「自分の人生を肯定してほしい」

ある女性は夫と三人の息子を殺害され、娘はレイプされHIVに感染して二〇〇六年にエイズで死亡した。彼女は今も精神を病む。

ルワンダで一九九四年に起きた、犠牲者八〇万人余りとされる大虐殺のため、いまだにこのように深刻なトラウマ（心的外傷）を抱えて生きる人が多い。看護師の竹内緑さんはそんな人々に寄り添い、支援を続けている。「それでも自分の人生を意味あるものだと思ってほしい」と願いながら。

竹内さんはNGOのスタッフとして、アフリカの紛争地域や難民キャンプで、二〇年近く医療支援に携わってきた。ソマリアでは銃撃戦に巻き込まれ、ゴマの難民キャンプでは毎日三〇〇〇人から五〇〇〇人余りがコレラで死んでいくのを目の当たりにした。乗っていた小舟が湖上で転覆して絶体絶命の危機に瀕したこともあった。

そんな過酷な状況での働きを支えるものは何なのだろうか。それは「神さまが望まれる平和のための仕事だから」と竹内さんははっきり言う。自分の小さな働きでも神さまの働きに加えられていく確信と喜びがあるというのだ。

竹内さんが人間の力を超えた「絶対者」は存在すると思い、それを求めるようになったのは高校生のとき。クリスチャン作家、三浦綾子の『道ありき』などの著書を読み始めたことがきっかけだった。看護学校時代に同級生に誘われて初めて教会に行き、やがて洗礼を受けた。

そして地元鳥取の大病院で働きながら、今後の生き方を模索しているときに影響を受けたのがシュバイツァーだった。神学者であり、オルガニストでもあった彼は三十歳までは自分の好きなことをやり、その後は世のため人のために尽くすと決意。医学部に入り直し、アフリカでの医療活動とキリスト教伝道に献身した二十世紀の偉人だ。

竹内さんはその後病院を退職し、途上国支援のＮＧＯに入った。当時紛争で治安が悪化していたソマリアからの看護師要請に、自ら希望して派遣された。一九九三年のことだ。

ルワンダでは二〇〇六年から四年間働いた後、もっと現地に深く根ざし、トラウマを負った人々に寄り添い続けたいと、組織を離れた。

「隣人同士が殺し合い、肉親を何人も同時に失うという想像を絶する苦しい体験があったけれど、憎しみは人を自滅させる。自分の人生をなんとか肯定してほしい」。そのためには長期

著者近影　写真・山口 学

的な活動が必要だ。日本での支援体制を整え、近く、現地での活動を本格的に始める。
「東日本大震災など、日本も大変な状況です。被災された方々を思うと心が痛みます。でも、世界には別の局面で大変な人たちがいることも忘れないでほしい」。そう訴える竹内さんの目は日本と世界をしっかりと見据えている。

伝道新聞『こころの友』二〇一三年五月号
「この人を訪ねて」より

竹内 緑　活動年譜

1977年　鳥取県立総合看護学校卒業
1979年　受洗
1989年　鳥取県立中央病院退職
1992年　3月　日本アドベント・キリスト教団 四条畷基督教学院卒業
　　　　4月　NGOの日本国際飢餓対策機構のスタッフとなる
1993年　同機構よりソマリアへ派遣される
1994年　ソマリアから、ゴマ（コンゴ民主共和国）のルワンダ人の難民キャンプへ派遣される
1995年　イギリスで英語と熱帯医学を学ぶ
1996年　3月～6月　ゴマの難民キャンプへ戻る
　　　　7月～8月　モザンビークでポルトガル語を学ぶ
　　　　9月　アンゴラへ派遣される
1997年　9月～12月　再びモザンビークへ派遣される
1998年　8月　アメリカのホープ国際大学で人間関係学を学ぶ
2000年　6月～9月　エチオピアへ派遣される。この間、大学は休学
2003年　5月　ホープ国際大学卒業
2004年　1月～7月　エチオピアへ派遣される
2006年～2010年　ルワンダへ派遣される
2010年　12月　日本国際飢餓対策機構を退職する
2012年　10月　「竹内緑を支えるルワンダの会」発足
2014年　7月　ルワンダへ赴き、新しい働きのための準備を始める
2015年　2月　ルワンダの首都・キガリ近郊で活動を開始

ルワンダ　闇から光へ　命を支える小さな働き

もくじ

第1部　アフリカに生きる

第2部 神の働きに加えられて

本書に登場するアフリカの主な地名

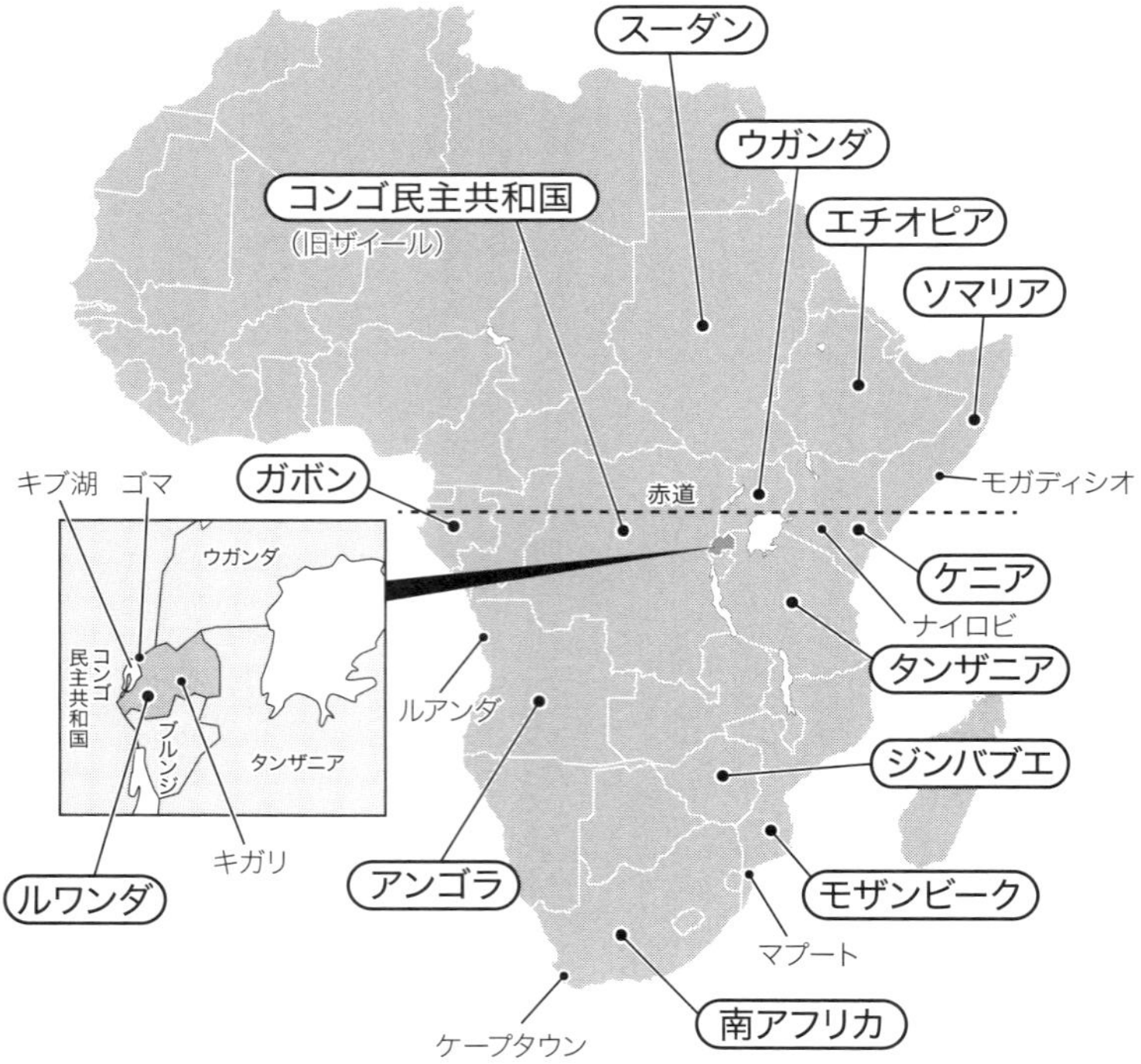

第1部

アフリカに生きる

1

故郷にはじまる幾つもの出会い

私が神を求めたのは、「生きること」がわからなかったからです。初めて人生に対する疑問を抱いたのは、小学校の低学年のころでした。家族が寝静まった深夜、床の中で思いめぐらします。「朝起きて学校へ行き、授業を受け給食を食べて帰宅する。延々と続くこの先には何があるのだろう……」と。この素朴な疑問は成長と共に大きくなり、中学三年生のときには認識として、高校生では悩みとなりました。

「なぜ生きなければならないのか」「何を目指して生きていけばよいのか」「状況に左右されない生きがいがほしい」「夫が病気をした場合、献身的に妻が看病をすると賞賛されても、妻が長患いとなると離婚になることがある。一体結婚とは何か」などの疑問があったのです。

当時の入試制度にも疑問を持ちました。高校では、入学直後から大学の入試問題が出題されます。クラス編成は成績順で、まるで「人間の価値は成績で決まる」と言われているようです。受験のためではなく、成績のためでもない、自身の疑問を追求するような学びをしたいと願ったものです。

究極的なことがわからないで、当面の目標に邁進《まいしん》することができなかった私の成績は下位となり、劣等感に苦しみます。当時、無気力、無関心、無責任の三無主義が若者たちに蔓延《まんえん》していると言われていましたが、これらに虚無感と劣等感が加わります。むなしい風が吹き荒《すさ》ぶようでしたが、救われたのは十五歳から始めた箏《こと》の師匠と両親が私を大切な存在として認め接してくれたことでした。

高校二年生のとき、離れて暮らす兄から若者向けの本が数冊送られてきました。その中に三浦綾子の『道ありき』があり、息苦しいほどの感動をもって読みました。中でも、文中のジェラール・シャンドリの言葉――概ね次のような意味――「われわれが死んだ後残るものは、われわれが集めたものでなく与えたものである」は、後年読んだ聖書の「受けるよりは与える方が幸いである」（使徒言行録20・35）と共鳴します。

このような思春期の悩みを、心理学ではアイデンティティー・クライシス（Identity crisis、自己喪失）と呼ぶようですが、その自己を探求するかのように『道ありき』がきっかけとなり、彼女の他の著書や人生について書かれた本をむさぼるように読み始めました。

高校三年生のとき、看護学校の受験に失敗し挫折と人生の厳しさを知ることになります。生きなければならないことが苦しく、時に「自殺」の二文字が私の脳裏を去来します。こうした中、再度看護学校受験のため試験会場へ向かっていた列車でひとりの男性に出会いました。四人掛けのボックスシートで向かい合わせに座った、一見して紳士とわかるその中年男性に話しかけられ、これから、再度看護学校を受験するということを話すと激励されました。手渡された名刺で、鳥取県の要職にある方だとわかりました。やがて看護学校に合格し、報告に伺った私を、この方は丁重に扱われたのでした。際立った才能などない、路傍の石のようなありふれた存在に目を留められたこの出会いに、言い知れぬ感動を覚えたのです。

看護学校在学中、週末の午後にはお寺の境内で過ごしました。思索しながら、もし住職に会うことがあれば私の疑問を尋ねようと考えていたからです。しかし、その機会は一度も訪れませんでした。やがてクラスメートに誘われ、教会の門をくぐります。それが母教会です。

一九七九年、人生に苦悩した高校生のときから七年余りの時を経《へ》て洗礼を受け、それから三〇年余りが過ぎました。誰にも一生の内に幾つもの出会いがあります。私にとって、神さまに出会っていない人生は考えられません。アフリカに遣わされることもなかったでしょう。人が人間を超えた絶対者を知り、絶対者に導き支えられて生きてゆくこと——信仰——は、究極的かつ根源的であることにおいて、他の何ものとも同列に扱うことのできないものだと思うのです。

2
ソマリアへ
弱さから始まる

「生命の危険にさらされる緊張の度合いと同じく、恵みも多いだろうと思います。どういう環境にあっても失われない人間の崇高さや、日本では目にすることのできないもの、触れることのできないものを体験させてくださるでしょう。主への信頼を強くしてくださると期待しています」。一九九三年八月、私はキリスト教系国際NGOである日本国際飢餓対策機構のスタッフとしてソマリアへ派遣されることになり、アピールのために書いた文章がこれです。神を知った二十代のはじめより、「いかに生きるべきか」と悩み、やがて「貧しい人に仕えたい」と願い、実現したのが三十八歳のときでした。

私が遣わされたのは首都のモガディシオから南へ三五〇キロ、バルデラとキスマイヨの中間に位置し、ジュバ川に面するサコという村です。ナイロビからセスナ機で二時間半、荒涼とした赤土に灌木《かんぼく》がまばらに生え、土色の水が流れるジュバ川の周辺だけが緑豊かな地です。

初めてサコの空港に降りたとき、フロントガラスが全面破損した古い車が待っていました。銃を手にしたガードマン三人が同乗し、土埃《つちぼこり》を上げながら走って五分、私たちの活動拠点に着きました。そこには、事務所と住居を兼ねた平屋の建物一つと小さな診療所があり、国籍の異なる数人が起居を共にしていました。

私は移動診療チームの一員として一〇か所余りの村と避難民のキャンプを回り、サコの事務所から村まで近い所で六キロ、遠くは五五キロまでを車で往復していました。

天井川のように石の多い所や起伏の激しい悪路に、珍しい鳥や可愛い小動物が横行し、時には何十頭ものラクダが整然と隊を組んで私たちの行く手を阻みます。人々は、茅葺き屋根に、細木で組み立てて壁土を塗った円錐形の簡素な家に住み、多くの人が素足です。文明の利器から程遠い所で、蠟燭《ろうそく》の明かりで過ごす夜の星や煌々《こうこう》と照る月明かりの美しさは格別でした。しかし、当時よりソマリアは無政府状態であったため常に治安の問題を抱えていました。

また、私たちのチームは緊急支援に携わるため種々のストレスが加わります。アメリカ、オーストラリア、韓国、ケニア、スーダン、ソマリア、日本という国際的なメンバーで構成されていましたが、医療のレベルの違いや異文化など、ストレスの要因が幾つもありました。

加えて私には言葉の問題がありました。そこでの公用語は英語で、会議や同僚、ソマリア人との会話も英語でした。当時私の英語のレベルは初級で、日常会話や日々の出来事などに関しても誤解が生じ、不要な煩いを抱えては苦悩し、自己評価も低いものでした。「なぜ、私のような無能な者を遣わされたのですか。有能でふさわしい人がたくさんいるではありませんか！」と神に尋ね、自らに問う日々でした。

ある日の深夜、私たちの診療所へ急患が運ばれて来ました。けんかをして受傷したソマリア人の青年でした。診ると背中の傷は大きくて深く、動脈まで達し相当量の出血があります。これは縫合しなければなりませんが、サコの村に医師はいません。近くには私たちの団体以外にスウェーデンのＮＧＯが活動していて、その団体には非常勤のソマリア人医師がいました。その夜は幸い、その医師が滞在していて駆けつけてくれました。医師と私が縫合を、点滴の管理はオーストラリア人の看護師が、他のスタッフはランプと懐中電灯で傷口を照らします。スタッフ総動員で手術を終えたのは朝方でした。

術後の経過は順調で青年は帰宅しましたが、この出来事はまるで何十年か前に書かれた小説のようでした。そして意外だったのは、この事件によって同僚たちが医療従事者としての私を評価してくれたことでした。

私は日本の病院でＩＣＵ（集中治療室）に六年間勤務したため、この類の患者さんは比較的得意としていました。「なぜ私を遣わされたのか……」と涙ながらに神さまに詰問した回答がこれでした。神さまは私を慰め励ますために、この事件に私を用いられたのでした。

3

アブディ兄弟
健気に生きる子どもたち

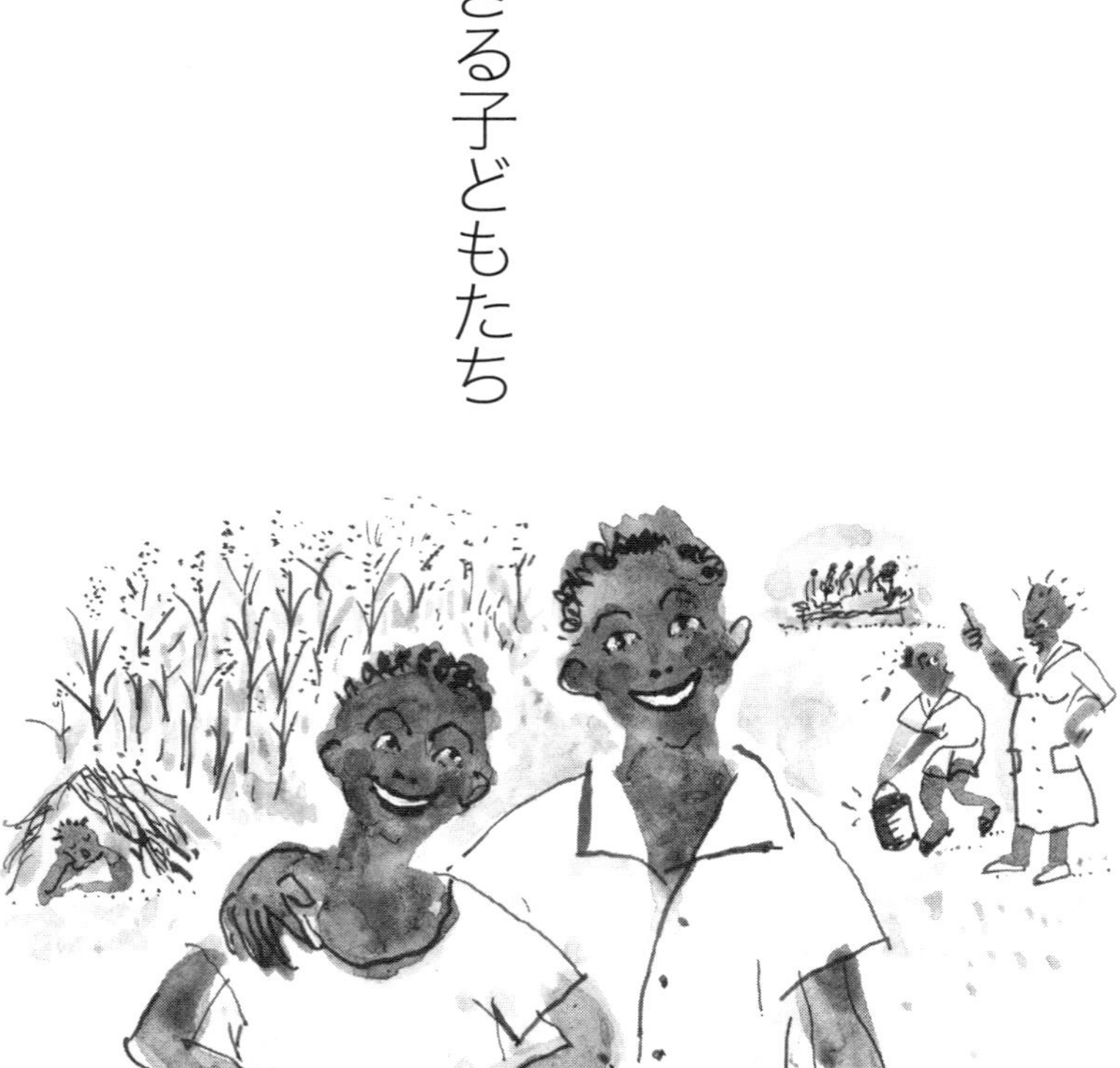

私が遣わされたソマリアの南部サコは荒涼とした赤土の大地で、棘《とげ》のある低木がまばらに生え、雨季になると「オオイヌフグリ」に似た小さな花が咲きます。私たちの事務所から徒歩で一〇分余りの所には、ソマリアで最大級のジュバ川が土色を呈して流れ、その周辺だけに草木が繁茂していました。人々は文明の利器に浴することからは遠く、公共の交通機関がないため目的地までの長い距離を歩き、ロバが水や農作物などを運んでいました。

このサコで私は忘れられない少年たちに出会いました。その一人の名はアブディ、当時十一歳で、両親と、弟と妹たち四人の七人家族でした。私が初めてアブディに会ったのは、彼の父が重篤のため国連のヘリコプターで病院へ移送されたときでした。生後間もない末弟がいるため、母に代わってアブディが父に付き添ったのでした。数週間後、アブディ親子はサコへ戻りましたが、まもなく父親は亡くなりました。

サコに住む人たちのほとんどが貧しい生活でしたが、アブディの家庭はさらに貧しいものでした。小さな家にある家財道具は、わずかな調理用の鍋と二、三枚の食器、眠る際に使われる平らにしたダンボール箱だけでした。

私たちの事務所では、掃除や洗濯、食事の準備などをするソマリア人女性が働いていて、彼女の手伝いにアブディを登用してほしいと上司に申請しました。アブディを採用すれば他の少年少女たちも働かせてほしいとやって来るのではないかと危惧され、当初は反対されました。

しかし、スーダン人の同僚の口添えもあり、アブディは働き始めました。彼の仕事は、買い物や掃除など午前の一時間余りですが、時にはソマリア人女性に怒鳴られながらも涙することなく黙って働いていました。

アブディは、事務所で働き始めてから小学校へ行くようになりました。十一歳にして初めて入学した彼は、学ぶことが楽しく、日本の位置を私に尋ねては、「将来、日本へ行くから」などと語るのでした。一か月三〇〇〇円余りの給与は、弟のミルク代に使われ、給料日には弾《はじ》けるような笑顔で帰宅するのでした。

ある日、アブディは学校で配給されたビスケットを持って事務所へ戻ってきました。それはユニセフが製造したもので栄養失調の子どもたちに用いられ、栄養価が高く糖度の低いものです。ビスケットなど口にすることのないソマリアの子どもたちにとって、この日は特別でした。満面に笑みを浮かべながら私の所へやって来たアブディは、持っていた三枚のうちの一枚を「みどりに……」と差し出したのでした。

利発で優しいアブディには、九歳の弟・モハメッドがいました。ある日、アブディから収穫直前の彼の畑を見に来てほしい……と言われ、私と同僚たちは畑へ行きました。車に揺られて一五分、広さ三〇畳ほどの畑に高さ二メートル余りのサトウモロコシ(※)が林立して先端に楕円形の実がなっています。

これは、私たちの団体がサトウモロコシの種を農民たちへ配給した際、アブディももらってモハメッドと二人で植えたものでした。この日、彼らは誇らしそうでした。二人で耕して種を蒔き、収穫できるまでになって満足なのでしょう。

畑の傍らに、サトウモロコシの葉で作られた犬小屋ほどの粗末な小屋が一つありました。それは、モハメッドが夜眠るためのものです。この時期、「一〇〇万の鳥」と呼ばれる、黒い絨毯《じゅうたん》を広げたような鳥の大群がやってきます。その襲来からサトウモロコシを守るため、モハメッドが昼夜を分かたず番をするというのです。幼い子どもたちが農作業をすることも驚きでしたが、わずか九歳の少年がサバンナの荒野でひとり夜を明かすことに愛《いと》おしさを覚えます。

アブディ兄弟のような健気に生きる少年少女たちに、遣わされた先々で出会ってきました。「児童労働」は問題であっても、貧困の著しいアフリカの多くの国や地域では日常的に行われ、子どもたちを取り巻く厳しい環境に、しばしば言葉を失うのです。

（※）**サトウモロコシ**　東アフリカ原産のモロコシの一変種。茎から甘汁を絞り、甘味料として昔から利用されたイネ科の一年草

4

宣教者たちのこと

神の愛を体現した女性たち

私の経歴の中で特筆する何かがあるとすれば、世界有数の治安の悪い国、ソマリアやアンゴラで労したことかもしれません。ソマリアへ赴任していた一九九三年当時、ソマリアの国内で働いていた日本人は、私も含めて二人だったと記憶しています。

大使館関係のある日本人に、当時私が属していた国際飢餓対策機構の活動している地域、サコを視察してほしいと勧めると、「ソマリアへ入るのであれば、親族会議が必要です……」と言われました。冗談のようでしたが、これが一般的な考え方なのでしょう。

私が駐在していた一年間にも何度か事件に遭遇しました。空輸で建築資材をナイロビからサコへ運んだ際、空港に着陸した輸送機がソマリア人によって狙撃され死傷者がでました。機体にも損傷を受けたこの事件によって、この輸送会社はサコへの乗り入れを廃止しました。

アンゴラでは、国連、ＮＧＯなどで働く人々や兵士たちはしばしば、「本国へ帰るまでの日々を指折り数えて待っている」という内容の言葉を口にしていました。

しかし、そういう人たちばかりではありません。厳しい環境の中でも息の長い奉仕をしている女性たちが私の身近にいました。サコで活動している団体は、私たちの他に二つありました。その一つ、スウェーデンのＮＧＯに属していたスウェーデン人の女性は、ソマリアで一〇年余り働いていました。ソマリアでは通常、スタッフの身の安全と車や金品などを守るため民兵を採用し、外出の際にはトランシーバーを携帯すると共に民兵が同行していました。六十歳前の助産師でソマリア語に堪能なこの女性は、現地の人と同じ土作りの小さな家に住み、外出する際にも民兵を同伴しませんでした。

彼女はソマリアの前にはアフリカの他の国々で労した経験豊富な人で、この団体を定年退職した後はボランティアとしてソマリアのために尽くしました。彼女が退職した当時、ソマリアの治安が悪化していたため、入国しないで隣国ケニアに滞在し、ソマリアと無線で交信しながら指示を出し、午後の半日はソマリアのために祈ることを日課としていました。

私たちの団体がソマリアで活動したのは四年余りでしたが、このスウェーデンのNGOが一〇年以上活動することのできた理由の一つは、祈りが積まれていたからと言えるのかもしれません。二〇〇〇年に私がソマリアの国境に近いエチオピアの東部・ジジガという所で労したとき、そのNGOで働き、イスラム教からキリスト教に改宗したソマリア人女性がいました。

そしてもうひとり、ソマリアで三〇年以上奉仕した女性がいます。国連難民高等弁務官事務所（UNHCR）によると、イタリア人の医師で、「マザー・テレサの再来」と言われた人でした。彼女は当初ソマリアの南部で活動していましたが、同僚が殺害され彼女自身も誘拐されるなど治安の悪化に伴い、比較的安定した北部へ移り病院を開設しました。スタッフの給与や食費などの必要な資金の調達は、彼女が負っていたそうですが、彼女自身の暮らしぶりは極めて質素でした。「貧しくなければ、このような働きはできません」と言い、所持した衣類はわずかで食事も質素だったそうです。

二〇〇三年、彼女は病院で仕事中凶弾に倒れ、六〇年余りの生涯を閉じます。その翌年、私は再びソマリアの国境に近いジジガへ派遣され、滞在中、エチオピア人の同僚たちが彼女の話をしているのを何度か耳にしました。この地域で彼女は周知の人だったのです。

スウェーデンとイタリアの女性たち。治安の悪いソマリアで彼女たちのように長い間奉仕ができたのは驚異です。これほどの働きを可能にしたのは、彼女たちと神さまとの深い交わりによるものなのでしょう。ソマリアの人を愛し、声高にものを言わず、ひっそりとしたその働きと存在は、周囲の人たちに宣教者――神の愛を体現した人――として映ったのではないでしょうか。

Column ❶

当たり前ではない「図書館」

日本滞在中、やりたいことの一つに読書があります。日本で私が利用している町立の図書館は読みたい本を注文すると、驚いたことに鳥取県内のみならず、他県の図書館でも探して要望に応えてくれます。重量のある書籍をアフリカまで運ぶにはかなりのお金がかかり、一般市民に開放された図書館のないルワンダでは、読書は思うようにできません。借りた本を「返却する」という信頼の上に成り立つ図書館は、アフリカの多くの国々では機能しないのです。

Column ❷

敵を愛したソマリア人看護師

サコで遭遇したことの一つに、ソマリア人８人が私たちの家に向かって発砲し、銃撃戦となった事件があります。その後、国連軍が私たちの家に駐屯するようになりましたが、事件の数日後、発砲したソマリア人の１人が死亡率の高い病気、マラリアにかかって私たちのクリニックにやって来ました。そして、ソマリア人看護師は治療をしました。敵を愛した立派な看護師です。

Column ❸

ウエディングドレスを考える

アフリカの奥地、電気や水道のない地域での結婚式に招待されたことがあります。新郎新婦はタキシードにウエディングドレスでした。おそらく、福音と共に自国の文化を携えてやってきた宣教師によってもたらされたのでしょう。西欧の文化が深く浸透していることに驚きつつ、固有の美しい民族衣装が廃れてゆくことが惜しまれたのは、私が外国人だからでしょうか。

Column ❹

難解な病気

青年が病気なので診てほしい、と彼の仕事仲間がやって来ました。まず疑うのがマラリア。でもその症状はありませんでした。次に疑うのが他の感染症ですが、それもなさそうです。考えあぐねていると、傍らにいた男性が私に耳打ちしました。「彼は空腹なのだ」と。これは、アフリカではよくあることでした。しかし、富める所から来た者にはわからなかったのです。

5

難民キャンプでの日々①

涙した日

一九九四年七月、私はそれまで労していたソマリアから、旧ザイール（現コンゴ民主共和国）とルワンダの国境に位置する街ゴマにあったルワンダの難民キャンプへ移動しました。

アフリカ大陸の中央に位置する小国ルワンダでは、大虐殺（※）が起きていました。一九九四年四月六日、ハビャリマナ大統領の搭乗機が撃墜された日から始まり、三か月余りで五〇万人以上が殺害されたのです。

当時のフツ系政権の急進派がフツ系住民を扇動して行われた、ツチ系住民の無差別の殺戮《さつりく》でした。対象となったのは、ツチ系住民と虐殺に反対した一部のフツ系住民でしたが、同年七月、主にツチ系難民で組織されたルワンダ愛国戦線によってルワンダ全土が制圧され新政権が樹立します。これによって報復を恐れたフツ系兵士、民兵、住民たちが難民としてウガンダ・タンザニア・旧ザイールなどへ流出しました。その数は二〇〇万人余りと言われています。ゴマの難民キャンプは、数日間という短期間に、また一〇〇万人以上によって形成された大規模なキャンプとして稀に見るものでした。

上司より移動の指示を受けた二日後にソマリアを発ち、ケニアのナイロビで水や食料などの物資を調達してゴマへ到着したのは、指示が出てから数日後でした。ナイロビから空路で二時間半、ゴマの空港に降り立つと黒い軍用機が何機も並んで物々しく、漂う異様な雰囲気にたじろぐ思いでした。ここには、ソマリアで働いていた、国籍の異なる、私を含む数人のチームが第一陣として入りました。当時、日本の一般紙では私が邦人看護師として難民キャンプへ入った第一号であったと報じられていました。

ゴマへ入った私たちは、最初にキブンバのキャンプを訪問しました。市街地から北へ二八キロ、活火山を有する自然公園内にあるそのキャンプは、バナナの木々が生い茂り、稜線《りょうせん》が火山灰で煙る風景は墨絵のように美しく、荒涼としたソマリアとは異なり緑豊かな自然です。

しかし一方で、キャンプへ行く途中、至る所に死体がありました。街の中に、道路の両脇に、草むらの中に、バナナの木の下に、ゴザやナイロンのシートに包まれ、中には何にも包まれず表情など露《あらわ》なまま放置されている遺体もありました。家族と思われる数体が並ぶ中に小さな亡骸《なきがら》もありました。フランス軍の給水車、ユニセフの車、死体を収集するトラックなどに出合います。幹線道路から一五メートル余り離れた所に止まっているトラックの前には、何十体もの遺体が山のように積まれていました。

数日後、再び同じキャンプを訪れるとやはり遺体が集められていました。マスクとゴム手袋をした二人が一組になって、放置された遺体を担架で道路脇まで運び、トラックで埋葬場所まで移送するのです。遺体を収集する人の中には、女性も混じっていました。五十歳前のアメリカ人の私の上司は、この光景を見た後、食事を取ることができませんでした。この世のものとは思えない惨状に、私はカメラを向けることができません。視覚で捉えても、事実として受け入れられない名状し難い思いに捉われたのです。

当時ゴマでは、コレラが大流行していて国連難民高等弁務官事務所によると、一日の死者が三〇〇〇から五〇〇〇人、この状態が何日続いたのかわからない、ということでした。「数字は冷たい……」。これまで何度も耳にしてきた死者を数字で表すことに疑問を抱いたのはこの時でした。「死者何人」という表現は、客観的ではあるけれど大切な人を失った悲嘆は表現されていない、と嫌悪を覚えたのです。

まるで戦場のような、悪夢をみているような現実の中で、かろうじて立っていた状態でした。ゴマでは、日に何度か激しい雨が降りました。その日も雨漏りがするほどの激しい雨が降りましたが、ビニールテントやバラックが密集する難民キャンプでは、この雨を逃れる余地はありません。稲妻と共に大地を叩くような冷たい雨が、容赦なく降りつけます。ゴマへ来て二週間、ついに緊張の糸が切れました。私はこの日、ここへ来て初めて涙したのです。


（※）ルワンダ大虐殺については、本書八二ページも参照

6

難民キャンプでの日々 ②

笑顔をくれた天使

ご住所　〒

お電話　（　　　）

お名前

（性別）

（年齢）

（ご職業、所属団体、学校、教会など）

図書目録のご希望	定期刊行物の見本ご希望
有・無	信徒の友・こころの友・他（　　　）

このカードの情報は当社およびＮＣＣ加盟プロテスタント系出版社のご案内以外には使用いたしません。なお、ご案内がご不要のお客様は下記に○印をお願いいたします。

・日本キリスト教団出版局からの案内不要

・他のプロテスタント系出版社の案内不要

ご購読新聞・雑誌名	朝日　毎日　読売　日経　キリスト新聞　クリスチャン新聞　週刊朝日　図書　信徒の友　季刊教師の友　説教黙想アレテイア　礼拝と音楽　教団新報　本のひろば　福音と世界　百万人の福音　あけぼの　婦人之友　明日の友

ご購入年月日　　年　　月　　日

今回書籍のお買い上げ書店名

市・区・町　　　書店

ご注文の書籍がありましたら下記にご記入ください。
お近くのキリスト教専門書店からお送りいたします。
なおご注文の際には電話番号をご明記ください。

ご注文の書名	冊数
	冊
	冊
	冊

郵 便 は が き

料金受取人払郵便

新宿北局承認

7174

差出有効期間
2017年6月30日まで
（切手不要）

169-8790

162

東京都新宿区西早稲田2丁目
3の18の41

日本キリスト教団出版局
愛読者係行

ご購読ありがとうございました。今後ますますご要望にお答えする書籍を出版したいと存じますので、アンケートにご協力くださいますようお願いいたします。抽選により、クリスマスに本のプレゼントをいたします。

ご購入の本の題名

ご購入の動機　1 書店で見て　2 人にすすめられて　3 図書目録を見て　4 書評（　　　）を見て　5 広告（　　　）を見て

本書についてのご意見、ご感想、その他をお聞かせください。

（定価）高い　普通　安い
（装丁）良い　普通　悪い
（内容）良い　普通　悪い

ある人は難民キャンプのある街、ゴマを「死体の山」「死臭の漂う街」などと言いました。そんなゴマへ入った当初、私はユニセフで予防接種を行い、バングラデシュの医師団が運営するコレラセンターで働きました。

コレラセンターでは、ビルの狭間の二〇畳余りの空間にビニールシートを敷いて、コレラの患者を治療しました。重症の人は隣接する平屋の建物の中に運ばれますが、ベッドはなくコンクリートの床にビニールシートが敷かれてあるだけです。窓が四か所、電気のない室内はほの暗く、異臭が漂っています。

コレラの主な症状は下痢で、ほとんどの人が排泄物で衣類を汚し、その周囲にハエが黒だかりになっています。汚れても着替えはなく、ビニールシートで身体を覆います。ここでは、毎日何人もの死者が出ました。

ある朝、一人の患者が毛布で顔を覆っているので、眠っているのかとめくって見ると既に死亡していました。死後の処置をするのでもなく、そのまま遺体収集車を待つのでした。あまりの惨状にケニアからやって来た看護師は、一日でここでの働きを断念しました。

私が担当した生後五か月の男児は、下痢による脱水症状があり、気になる咳をしていました。この赤ちゃんの母親も頻回の下痢で体力は弱り、男児を世話することができません。十歳ぐらいの娘もいましたが、夫はいませんでした。

この男児の症状は、なかなか改善しません。加えて、肺炎を危惧し、他の病院で治療してもらうよう折衝しましたが、入院は重症の人たちが優先され拒否されました。

ある日、下痢で汚れていた服を脱がせて見ると、なんと服の縫い目に沿ってシラミの成虫と卵が隙間なく、びっしりと付いているではありませんか。さらに頭髪にも付着しているのです。髪をそり、身体を洗って、アメリカ人の看護師と私が提供した衣服に着替えると、彼は私の腕の中ですやすやと眠ったのです。

以来、スタッフの間で彼は「みどりの赤ちゃん」と呼ばれるようになりました。「太陽」という名前のこの赤ちゃんは一度も笑顔を見せませんでしたが、母子はイスラエル人が運営する病院へ入院しました。

この争乱で孤児となった子どもたちは、一〇万とも二〇万とも言われていました。生後数か月の赤ちゃんは、父がルワンダで殺害され母とゴマへやって来ましたが、母も赤痢で亡くなりました。十三歳の少年は、両親がルワンダで殺害され兄と一緒にゴマへ来ましたが、その兄も亡くなりました。四歳余りの女の子は、無言のまま私の胸に顔を埋めて離れようとしません。死別なのか、はぐれたのか……。母の温もりがほしかったのでしょう。彼らの過酷な人生に言葉を失います。

ある日、予防接種をするため所定の場所へ早く到着した私は、石に腰をかけて器材の到着を待っていました。そこへ、もの珍しそうに難民の子どもたち二〇人余りが集ってきました。

彼らは、恥ずかしそうに黙ったまま、だんだん私に近づいてきます。その中に、明らかに病的と思われる大きなお腹《なか》をした男の子がいました。妊娠九か月くらいのお腹を抱えて、日常の動作が不自由であろうと思う大人の心配をよそに、当の本人は無頓着です。

身につけているものは、パンツだけ、それをずらしてお尻が半分露出しています。小さなお尻を見せながらおどけて駆けて行く姿は、愛らしくて滑稽で笑いを誘います。

私が喜ぶと、さらに彼はおどけてみせます。それは、久しぶりに心の底から笑ったひと時でした。ひとしきり笑った後は、それまで背負っていた重い荷物を下ろしたように両肩がすっかり軽くなっているのでした。

ゴマへ来て以来、笑いを忘れた日々だった私にとって、彼はユーモアの必要性を教えてくれた天使でした。難民キャンプに神が遣わされた天使は、病を持つ貧しい少年だったのです。

7

難民キャンプでの日々③

灰色の決断

どのような人生も順風満帆なものはなく、人生の途上で遭遇する種々の困難や問題をどのように考え結論を導きだすのか、その過程において私たちは悩み苦しみます。私自身の人生を振り返って、困難に満ちた人生だとは言えませんが、それでも「生きるとは、何と難しいものだろう……」と思う難題がありました。後年、この問題を学術的なテーマとして大学院で学んでいる人と出会い、驚かされました。

一九九四年九月、ゴマの難民キャンプで労していた私は、上司に伴って数日間ルワンダの国内へ入りました。車で国境を越え首都のキガリまでの行程は、風光明媚で、特に紅茶の緑の葉が山全体を覆う景色は息をのむほどの美しさでした。しかし、畑の広がる農村で農作業する人の姿はなく、異様な静けさは、さながら「ゴーストタウン」を思わせるものでした。

市街には、いまだ埋葬されない白骨化した人骨があり、中には赤い洋服を着た小さな子どものものもありました。紛争で飼い主を失った犬が野生化し、死体を食べる、とも聞きました。

多数の人が惨殺された教会の礼拝堂の屋根には無数の銃弾の跡がありました。殺戮《さつりく》を止めようとした教会の関係者二十数名が小部屋に閉じ込められ、ガソリンをかけられて殉教をしたのでした。室内に放置されたままの人骨は煤《すす》で黒ずみ、まだ煙が立ち昇っているようでした。ある孤児院では、争乱当時五〇〇人余りいた子どもの半数を避難させようとして、孤児院から約三キロ離れた所で全員殺害されたと言います。

ルワンダでの視察を終えゴマへ戻った私に、一つの疑問が浮上しました。それは、殺害に加担した人たちがいる難民キャンプで働くことは、道義的、倫理的に妥当か、というものでした。これを個人の問題として深刻に捉えましたが、疑問視したのは私だけではありませんでした。難民キャンプで短期間働いた後、撤退した複数のNGOがそうでした。

国連が支援するにあたっても、一九九四年当時、国連難民高等弁務官であった緒方貞子氏には世界中から非難囂々《ごうごう》であったといいます。これに対し緒方氏は、おおむね次のように反論されました。「これはフツのキャンプですから、その中に殺戮者や民兵がいます。しかし、同時に、その人たちの家族もいる。部族社会であり非常に大きな家族の中で、女性と児童が半分以上です。そんな中で食料を止めるとか、撤退することはできないのです」。

難民キャンプで働くことの正当性を見いだせない苦しい日々が過ぎ、考えあぐねた私は、これを神さまに尋ねました。やがて私の脳裏に去来したのは、クリミア戦争において傷病兵を敵味方の別なく看病したと伝えられるナイチンゲールの逸話と、裁くのは私の仕事ではなく神であること、全知全能の神の裁きに委ねることでした。そして、このまま難民キャンプで働こうと判断するに至ったのでした。

大虐殺から一二年後の二〇〇六年、ルワンダへ遣わされた私は殺戮に加担した男女二人に出会います。この女性はフツで、紛争当時役所へ勤務していたため、兵士からツチの住民を教えるよう迫られて教えます。男性のほうは自分がフツ、妻がツチであったため殺害に加担しなければ妻を殺すと言われて実行します。従来、ツチとフツの間で結婚が行われていたのです。強制されて直接間接に殺害に加担した二人は、既に刑期を終えていました。

「あれでよかったのか……」。難民キャンプでの疑問は続いていましたが、白でも黒でもない灰色の決断は、ここに至ってやっと正当性を得たのです。生か死か、危機迫る中での決断、行為に対し、一切弁解をせず真摯に生きる彼らの姿は、誰もが持つ人間的弱さへの自覚を促すと同時に、平和の重要性を教えているように思います。

8

難民キャンプでの日々④

神からの問いかけ

私にとってアフリカでの体験はどれも貴重ですが、中でも生涯忘れられない出来事があります。それは一九九四年十二月十六日、午後三時に起きました。当時私たちは、ゴマの市内にあった宿舎から、キブ湖をはさんで対岸の難民キャンプへボートで通っていました。キブ湖は、赤道から南へ約二〇〇キロ、旧ザイールとルワンダとの間にある湖です。

私たちが働いていた難民キャンプでは、栄養状態の悪い子どもたちへの給食や診療所を運営していました。私は、難民の男性二人を助手として外傷の治療に当たっていましたが、貧しいために履物を買えず裸足で歩く人が多く、傷口は埃《ほこり》で汚れていました。ひとりの女性の足の裏には、片側だけで一二か所以上の棘《とげ》が刺さり皮膚が青白く変色し、苦難に満ちたルワンダからの逃避行を物語っているようでした。

キャンプでの仕事を終えて帰宅する際、診療所では治療できない人をゴマの病院へ移送することがありました。この日も、ひとりの男性を連れて行くことにしており、彼は準備のため帰宅しましたが、約束の時間になっても現れません。ヘルニアの再発でしたが、二度目の入院になることがためらわれたのでしょう。午後二時を過ぎると湖の波が高くなるため、やむなく帰路につきました。

木製のボートにアメリカ人男性二人とアメリカ人女性一人、私が乗船しました。入り江を出た後、激しい波でボートに水が溜《た》まり、瞬く間にボートが転覆し四人は湖に投げ出されました。

備え付けの救命具は三つ、男性一人を除いて三人は救命具を装着しました。そのとき、私に遠い記憶がよみがえってきました。それは小学六年生の夏、日本海で行った遠泳でした。おそらく遠泳になるであろうと予想して、私は、ケニアで購入した皮製の登山靴とソックスを脱いで素足になりました。そして、私たちは祈りました。

通常、難民キャンプへ物資を運ぶ輸送機が発着するのですが、このときには一機も飛来せず、ボートも通りません。赤道直下の湖でも水は冷たく、寒さに耐え得る限界だと思いました。巡視艇などないアフリカで、日暮れまでに救助されなければ明朝まで生き延びることはできない。私は死を覚悟しました。「ここが終焉《しゅうえん》の地。良い人生でした。死の瞬間まで人間としての尊厳を失うことがないよう助けてください……」と祈りました。

日が翳《かげ》り、夕暮れが近づいていました。ふと見ると左手に湖岸がかすんで、徐々に岸へ近づいているようです。やがて波乗りができるほどの大きな波が私たち四人とボートを、抗《あらが》うことのできない力で岸へ岸へと運んでいきます。それはまるで神の御手の中にいるようでした。

湖岸が近づくと多数の難民が私たちを見ていました。その中の男性八人が私たちを救助するため、荒波の湖へ入ってきました。夕闇が迫る午後六時、私たちは浅瀬に着きました。するとそこへ、難民の青年がひとり立っていました。長身の彼は、黙ったまま自分の履いていたゴム草履《ぞうり》を脱いで私に差し出したのです。「ありがとう……」と言って、私は草履を履きました。

それは、私の足の二倍もあるほど細長い、しかも棘を踏むと貫通しそうな薄いものでした。私たちの所在を知らせるため、通信設備のある所までの三〇分余り、岩場や細い山道を歩きました。とっぷりと日が暮れて暗い道を歩きながら、私の脳裏にはあの棘の刺さった女性の足がありました。私たちが宿舎へ戻ったのは午後九時過ぎでした。

国連難民高等弁務官事務所によると、私たちが遭難した日の前日に同じキブ湖で二〇〇人以上の人が亡くなったといいます。船が転覆してか何かだったのでしょうか、確かな理由はわかりませんでした。しかし、わずか一日の違いで生死が分かれたのです。神の偉大な力は人間の思いを陵駕《りょうが》していることを思い知らされ、生かされた者としていかに生きるべきか、神から私へ問われた大きな課題となりました。

Column 5

子どもの遊び

アフリカの子どもたちの遊びと私の子ども時代の遊びがよく似ています。幾らかの違いはあっても石蹴りやゴム飛びなど、日本で見られなくなったものがアフリカでは今日でも行われています。土の上に線を引いたり、小さな穴を作って、夕暮れまで子どもたちが遊びに興じる姿は、かつての日本を見るようで郷愁を誘います。

Column 6

死を意識して生きること

かつて私は仕事仲間と朝、デボーション（みことばの分かち合い）を行っていました。ルワンダ人の若いスタッフの場合、必ず「今日生かされている」ことへの感謝から始まりました。アフリカでは紛争や病気などで平均余命は50歳代と短く、死は日常的です。そのため若者でも死を強く意識しているのでしょう。しかし、どこで暮らしても死を意識して生きることは大切だと教えられます。

Column 7

異文化が錯綜する職場の醍醐味

かつて私が所属していた団体では、アフリカ、欧米、アジアなど 10 か国余りからのスタッフが起居を共にし、難民キャンプなどで一緒に仕事をしていました。国民性が異なる中で、たとえばはっきりと主張する欧米人の性質が吉と出る場合もあれば、その逆のこともありました。それぞれの強みを生かしながらのダイナミックな職場でした。

Column 8

20年を経て、納得

イギリスで暮らした 1995 年、築 100 年以上のお宅にホームステイしていたある日、この家の主人が私を物置に案内してくれました。1 階のドアを開けて短い階段を下りると、低い天井の広い部屋がありました。そこへ立ったとき突然、高校生のとき読んだ「アンネの日記」が甦ってきました。当時の私より若いアンネが書いた内容に衝撃を受けつつ、隠れ家としての物置が理解できませんでした。20 年以上を経て、「これなら可能だ」と納得したのでした。

9

主の配慮

イギリスへ

一九九五年一月、私はケニアのナイロビからイギリスのリバプールへ向けて出発しました。目的は一年間、英語と熱帯医学を学ぶためでした。ケニアの空港へ初めて降り立ってから一年半、アフリカの豊かな自然や人々に触れた後、再び異文化での生活です。九三年にアフリカでの緊急医療支援に携わるようになってから、一〇か国余りの国々へ移り住むという文字通り住所不定の生活が始まっていました。イギリス行きには当初の目的の他に、アフリカで傷ついた心を癒やすこともありました。

イングランドの北西部に位置するリバプールは、かつてはアフリカから奴隷船が寄港したところであり、第二次世界大戦までは貿易港として栄え、ビートルズゆかりの地でもあります。私がホームステイした家の周囲には、イスラム教やユダヤ教の会堂、キリスト教の教会が隣接し、中心街には世界有数の大聖堂があります。そこへ通じる石畳の坂道は、ヨーロッパのたたずまいを感じさせるものでした。

イギリスではアフリカとの違いに当惑しました。イギリスでよく目にした、広い草原に放牧された羊たちが草を食《は》む風景は、平和そのものです。「ゴマの難民キャンプやルワンダでの大虐殺の跡地で見たものは何だったのか……」。アフリカで苦しむ人たちの姿が脳裏から離れることはありません。イギリスからケニアまで空路でわずか九時間余り。時を同じくして、言語に絶する悲惨と平穏な生活があることに現実感が伴わず、夢の中にいるようでした。

先の難民キャンプで働いたことによって、私はトラウマ（心的外傷、精神的外傷）を負っていました。このようなケースを二次的なトラウマ(※)といいます。主に消防士、紛争や自然災害後の緊急救援に携わる人、AIDS《エイズ》患者を看病する人、カウンセラーなどが、この種のトラウマを負うことがあります。

難民キャンプで働いていた一九九四年当時、アメリカ、カナダ、イギリス、日本などからやって来たボランティアたちにはいくつかの共通した症状が見られました。到着後まもなく、腹痛や下痢などの症状が現れた人、情緒不安定のため予定していた三か月間の奉仕を一か月に縮めて帰国した人……。一か月間ゴマで働き帰国した後、情緒不安定に陥った人もありました。

当時の私にも典型的なトラウマの症状がありました。感情的に不安定で涙もろく、死を考え、将来に対する希望がなく、生に対する執着も希薄であったように思います。地上にあれほどの悲惨が存在することを受け入れられず、御国へ行きたいと願ったことでした。しかし、当時トラウマは今日ほどは周知されておらず、私も認識がありませんでした。

リバプールの有名な聖公会の大聖堂には、国内外から多くの観光客が訪れます。そして、しばしばオーケストラがやって来て演奏会を開いていました。ある日、私がそこを訪れるとオーケストラによる荘厳で重厚な音が流れていました。「美しい音の世界、あのアフリカでの出来事は悪夢だったのだ。忘れたらいい」「こんな美しい音楽が地球を包めば、地上から紛争や殺《さつ》戮《りく》はなくなるであろうに……」と思いました。

この大聖堂の一角に小さな祈りの部屋がありました。多数の蠟燭《ろうそく》が灯《とも》り、正面には祈るイエスさまの聖画が掲げてあるこの部屋で、私は週一回午後の半日を費やしました。さらに、自宅近くにある公園を好んで散歩しました。緑豊かな公園からはスックリと立った教会の尖塔《せんとう》が見え、神さまのかたわらに、たたずんでいるような心地です。音楽や黙想、美しい自然に触れることは、トラウマを癒やすのに有効と言われています。私は無意識のうちにトラウマを癒やす手段を用いていたのです。一九九六年三月、私は再びゴマの難民キャンプへ戻りました。

神さまは私を難民キャンプへお遣わしになりましたが、そこで負った心の傷を癒やすための時間と場所も与えられたのでした。それは、憐《あわ》れみ深い主の行き届いた配慮だったのです。

（※）二次的なトラウマ　外傷体験を負った人々の話を聞いたり、惨状を目撃したりすることで、同様の外傷ストレス反応を起こすこと

10

静まる時を
疲弊した日々、
そしてアメリカへ

「一九九六年三月三十日、私はルワンダを経由してゴマ（旧ザイール）へやって参りました。鮮明に記憶に残るゴマの市街地、かつて死体が放置されていた広場には花が咲き乱れ、難民によって伐採された樹木の切り株には新しい芽が伸びています」

これは難民キャンプのあるゴマで働いた後、イギリスで一年間の学びを終え、再びその地へ戻ったときの手記の一文です。当時、アフリカの緊急医療救援チームの一員であった私は、同年、同じ難民キャンプで三か月間働いた後、ゴマからルワンダへ入り指示を待ちました。一か月後、イギリス人の上司から、次の任地はアンゴラ、そこの公用語であるポルトガル語を学ぶためモザンビークへ行くよう指示がでました。

ルワンダを去ってケニアのナイロビに滞在し、モザンビークへ入国する手配をします。空路でナイロビからジンバブエを経由して、モザンビークの首都マプートへ行き、そこで二か月間、ポルトガル語のレッスンを受け、アンゴラ入りしました。モザンビークもアンゴラも、私にとって初めて踏み入る国でした。住居や活動に必要なすべての手配は、所属していた国際飢餓対策機構が行ってくれましたが、そこへ至るまでは私のひとり旅です。スーツケース一つと箏《こと》を携え、未知の国で未知の人たちと協働する、移動に次ぐ移動の生活でした。

十五歳から習い始め二十代で師範の免許を取得した箏は、私にとって友です。赤道をまたぐ国ガボンのランバレネで医師として働いたアルベルト・シュヴァイツァーは、イライラが高じたときオルガンを弾いて鎮めたそうですが、私にとってのイライラ解消法は箏でした。初めて遣わされたソマリアから一九九四年に一時帰国した際、アフリカへ箏を持ち込みました。以来、箏は精神衛生上の必需品としてどこへ行くにも持ち歩いています。

私が赴任した一九九六年当時のアンゴラは、ポルトガルから独立し、二〇年余り内戦が続いていました。争乱中に埋められた対人地雷、約一二〇〇万個が土中に残り、地雷問題を抱える世界数十か国で最も危険な国のひとつでした。平和維持軍としてパキスタンやインドの兵士が駐屯する政情不安定な国で過ごした一年間は、ソマリアや難民キャンプと同じく波乱に富んだ日々であり、劣悪な環境下で生きる貧しい人々を目の当たりにした苦しい日々でもありました。

二年後の一九九八年一月、私はアフリカでの任期を終え、南アフリカ共和国のケープタウンにいました。それは帰国の途上の滞在で、休養しつつ、今後のことについて考えていました。

アフリカでの経歴を知って私を「冒険家」と言う人もありますが、性格は内向的で社交性に乏しく、遊ぶことよりも家で読書する方を好みます。ケープタウンでも外出しないで、宿泊していたゲストハウスで時間を過ごしました。そこは退職後のご夫妻が自宅を開放したもので、成長した子どもたちの部屋を客室用にして、経営していました。

二人とも退職前は教員であり、夫は校長、妻は特別学級で教壇に立った人たちでした。ある日、二人は私をワイン農場へ案内してくださいました。ぶどう園の中でワインが作られ、園内にレストランもあり食事と共にワインを楽しむようになっていました。三人で食事をした後、洗面所で口紅をさす彼女にハッとしました。疲れている、潤いのない自身に気づいたのです。このまま働きを続けたとしても、精神的に枯渇した者が良い影響をもたらすことはできない、アフリカを離れるべきだという考えに至りました。

私にとって、遣わされたアフリカでの体験は重大でした。これらは何を意味するのか、静かな環境で思索する時がほしかったのです。加えて英語の上達が必要で、アメリカへ留学することになりました。そこでの四年余りは穏やかな時間であり、その間に「ルワンダの人々のトラウマを癒やす」働きを示されたのでした。

11

母の箪笥
偲ぶよすがとして

医療支援に従事していたアフリカの地を一時離れ、アメリカに留学した私は二〇〇三年五月にその学びを終えました。そして、二〇〇五年に母を、二〇一一年に父を看取りました。共に最期の時間を自宅で過ごし、自宅で息を引き取りました。一九九三年以来、ほとんどの時間を海外で過ごした私ですが、両親を看病する機会が与えられたのでした。

ところで我が家では、私たち子どもが何かを企て両親の同意を得ようとするときの要諦は、母を攻略することでした。母が納得すると、母が父を説得したからです。一九九三年にソマリアへ赴任する際にも、東京から郷里の母へ電話をしました。国連の関係者が殺害されるなどソマリアに関する報道が連日あったころでしたが、母は言いました、「あなたが決めたことだから、私たちは反対しない。だけど身体には気をつけるように……」と。娘の生き方を認め、支え続けてくれた両親でした。

二〇〇三年四月、その母が肝臓がんと診断され余命一年以上、三年以内と知らされました。当時、私は日本国際飢餓対策機構のスタッフとして、一年間エチオピアでエイズ・プロジェクトの立ち上げに携わり、その後にルワンダへ派遣される予定でした。しかし、母の病状を聞き、上司や主治医と相談し、私は任期を半年に短縮して派遣されることになりました。二〇〇四年一月、エチオピアへ発つ私を両親が見送ってくれました。ＪＲの改札口で青白い顔をした母と、母に寄り添う父の老いた姿は、胸に迫りました。

その年の八月に私は帰国し、十一月には母の看病に専念したいと申し出て上司の許可を得ました。そして、主治医より最期の一時期を自宅で過ごすよう勧められたとき、私は自宅で看取りたいと伝えたのです。その願いが叶えられ、母は自宅で三か月間を過ごし、二〇〇五年四月、いよいよ最後の時が迫ってきました。「母が逝く……」、言葉にならない思いを抱いて家の外へ出ると、裏山に咲いた山桜の白い花びらが風に舞っていました。三日後、母は静かに息を引き取りました。

翌年二〇〇六年九月、私はルワンダへ派遣されました。両親は兄家族と同居していたため、母亡き後の父は兄や義姉に委ねました。二〇〇八年秋、帰国していた私が日本を発つ朝、娘である私にお茶を入れながら「次の帰国の時には、会えないかもしれない……」と言った父は、肉体が弱ってゆくのを感じていたのでしょう。半年後、自宅近くで倒れ、二〇一〇年十二月には胃からの出血で倒れました。家族は、積極的な治療をしない「自然死」を希望し、自宅での看病を決めました。このときも帰国中だった私は、父が亡くなるまでの四か月間、看病することができたのです。

病床の父が口にしたのは、「ありがとう」と「おはよう」だけでしたが、息を引き取る直前まで私の手を握っていたのは、何かを語っているようでした。二〇一一年四月、母のときと同じく家族や親族に見守られながら召されました。

二人が見せた最期は厳粛な時であり、神秘でした。そして死は忌まわしいものではなく、ほのかな明るさを感じさせます。夜明け前の暗がりに朝日が昇る、わずかにその方向がわかるほどのささやかな明かりのようです。

両親を看取ったことは、娘としても看護師としても満足をしています。それができたのは、かつての上司や同僚、家族親族、医師や看護師の方々の理解と助けがあったからでした。これらの人たちと、全てを導き支えてくださった主に多大な感謝を捧げます。

両親亡き後、家具や食器など多くの物を処分しました。今もその過程にありますが、母の箪笥《たんす》は残しました。それは母が父の元へ嫁したとき、持って来た桐の和箪笥で特別高価なものではありません。しかし、父と母が共に過ごした半世紀、二人のかたわらにあったものです。それを修理に出して表面を削り、取っ手を交換すると見違えるようになりました。

母の箪笥は、厳しい時代に互いを愛し、子どもたちを育み、真面目に生きた二人を偲《しの》ぶよすがとして、私を励まし続けることでしょう。

12

平和を 祖母へ、ルワンダの人へ

私の母方の祖母は明治時代に生まれ、激動の中を生きた人でした。祖母は端然としていて躾《しつけ》に厳しく愛情深い女性でした。二人の息子がありましたが、先の大戦で長男は二十二歳で、次男は十九歳で戦死し、夫は病弱を苦に自死し、一年間に三つの葬儀を出しました。夫の葬儀では気丈に振る舞った祖母でしたが、息子たちのときには頭髪が真っ白になり床に就いたと言います。

戦時中、町内には一家族で複数の若者が出征し、全員生還した家族があれば、逆に全員戦死した家族がありました。後者の出征した息子たち全員を亡くした母親は、精神を病んだそうです。

私が伯父たちを強く意識したのは、学徒出陣した若者の手記『きけ わだつみのこえ』を読んだ高校生のときでした。あらためて眺めた遺影は、軍服姿のりりしい伯父たちでした。当時、私より年上だった遺影の中の伯父たちは、時を経てあどけなさが残る若者に変わっていきます。そして敗戦の八月十五日は、大きな苦難に耐え、老いて小さくなった祖母への愛おしさが増す日でもありました。祖母は夭折《ようせつ》した息子たちの分まで生かされたのでしょうか、一九九三年に百歳を目前にして亡くなりました。

二〇〇六年に私はルワンダへ遣わされ、一九九四年に起きた大虐殺によって負ったトラウマの実態調査を行いました。場所は、首都のキガリから南西に約五〇キロ、電気や水道のない田舎で、一軒一軒回って聞き取ったものです。調査を行ったカモニ郡ニャルバカ町の全世帯の二パーセントに当たる一〇五世帯、全人口の〇・六パーセントに当たる一三四人に直接間接に聴取しました。結果、私の予想をはるかに超えて、ルワンダの人たちは想像を絶する悲惨を体験していることがわかりました。

一世帯当たりのトラウマを負った人数は、平均一・七人、ほぼ一〇〇パーセントの人が家族または親族を亡くしています。一世帯当たりの死者の数（家族と親族を含む）が六人以上の家庭が半数以上ありました。ある女性は夫、両親、兄弟姉妹、息子、夫側の兄弟など三〇人以上を、別の女性は二七人を亡くしていました。そして約四分の一の人たちが、殺害の現場を目撃しています。中には目の前で夫や子ども、両親が殺害された人もいます。当時四歳と五歳だった幼子たちが自分の両親が殺害される現場を目撃したというケースもありました。

ルワンダの調査によると、一九九四年当時レイプされた女性が三七万五〇〇〇人余り、別の資料によると、レイプされた女性の約六七パーセントは十四歳から二十五歳までの若い女性たちであったと言います。この蛮行によって彼女たちは妊娠し、生まれた赤ちゃんは捨てられ孤児院や病院へ連れていかれたそうです。ＨＩＶに感染しＡＩＤＳ《エイズ》で死亡した若い女性がありました。

夫と七人の兄弟姉妹を亡くした四十代の女性は、四人の実子と姪《めい》一人を養育していますが、彼女自身と、争乱当時五歳だった息子と、家族全員を亡くした当時九歳だった姪がトラウマを負っています。一家の柱である彼女は、「数え切れないほどの問題を抱えている……」と言って泣き崩れました。ルワンダはトラウマを負った社会と言えそうです。

調査を行った三か月間は、私にとって重い事実に触れた苦しい日々でした。週に三日間、半日だけの調査でしたが、インタビューしたひとり一人は、重い背景を背負って生きる人であることに、眠れぬ夜を過ごした日々でした。かつて遣わされたソマリアやアンゴラで、この種の調査を行えば大同小異の結果が得られることでしょう。紛争が個人に与える影響は甚大で、平和の尊さが迫ってきます。武器による殺傷、貧困や差別、人権侵害などの構造的暴力、あらゆる暴力のない社会を希求し、平和をつくる者として招かれていることを、調査は教えてくれました。苦難に耐えた祖母を偲びつつ、艱難《かんなん》のただ中にあるルワンダの人たち、今も戦火の中にある人たちに、あらゆる暴力のない世界、平和が訪れることを強く願う者です。

第2部

神の働きに加えられて

「小さな働き」の意味

アフリカ大陸の南西に位置するアンゴラは、一九七五年ポルトガルから独立したものの、独立紛争以来二〇年以上にわたって内戦が続きました。油田やダイヤモンドなど資源が豊富で、世界におけるコーヒー豆の主要な産出国の一つでもありました。

一九九六年当時、私が働いていたアンゴラの北部には、紛争によって疲弊していたものの、かつては穀倉地帯であった広大な湿地帯、美しかったと思われる街並みや破壊されたコーヒー工場などが、わずかにその痕跡を留めていました。対人地雷の数が世界で最も多い国の一つで、当時のアンゴラの人口より土中に埋められた地雷の数の方が多いと言われていました。

私は、首都から空路で一時間余り、さらに陸路で三時間以上を要する小さな村に居住し、そこから数十キロ離れた所にある国際飢餓対策機構アンゴラが運営する小さな診療所で地域医療プロジェクトのコーディネーターとして活動していました。当時、休暇中のボランティアとして来ていたスイス人の若い医学生が、「朝が怖い……」と言っていました。それは、始業と共に難題が持ち込まれ、その対処に苦慮するからでした。慣れない国で、しかも限られた資源の中で限界や自身の無力さに直面しつつ、決断を迫られるからでした。

ある日、生後一か月の男の赤ちゃんが母と祖母と共に診療所へやって来ました。この男児はお腹が大きく膨れて硬く、三日余り排便がないということでした。ここ何日間かは、母乳も飲んでいませんでした。日本では、レントゲン撮影やＣＴ、血液など各種の検査をして診断をするところですが、ここでは視診と触診と症状によって診断するのでした。

おそらく、この赤ちゃんは体内での出血、あるいは何らかによって腸閉塞を起こしていると私は考えました。日本であれば、緊急手術の対象です。しかしここでは手の施しようがありませんでした。私たちの診療所から一〇〇キロ以上離れた所に病院が一つありましたが、病院とは名ばかりで医師の不在が多く、薬品は少なく緊急手術など論外でした。このままでは、赤ちゃんは死に至る。しかし、仮に病院へ行ったとしても適切な治療を期待できないとすれば、どうすればよいのか。私は、苦悩しました。

この状況下で明らかなことがありました。それは、この赤ちゃんを救命することができない、ということでした。しかし、そうであっても私にできることは何か。それは、やがて愛しい幼子を失うことになる家族への配慮ではないだろうか。「手を尽くした……」と家族が思うことによって、喪失後の悲嘆を幾分かでも軽減することができるのではないか、と考え赤ちゃんを病院へ移送することにしました。

その日の仕事を終えた後、赤ちゃんと家族は私たちが住む村に一泊し、翌朝私たちの車で病院へ向かうことにしました。帰宅するまで、私はこの赤ちゃんのそばにいてお腹のマッサージをしました。既に、この赤ちゃんは衰弱し、声を出して泣くことはありませんでした。しかし、私がマッサージの手を止めると、青く澄んだ美しい目を大きく開いて、マッサージを続けるよう訴えるのでした。そして、再開すると目を閉じてすやすやと眠るのでした。育児の経験のない私にとって、わずか一か月の赤ちゃんがこれほどに雄弁だったのは驚きでした。

翌朝、祖母が赤ちゃんの訃報を告げてきました。身体の中心から力が抜けてゆくような虚脱感を味わいつつ、私は無言のまま祖母と別れました。ある統計では、一歳以下の乳児死亡率がアンゴラでは一〇〇〇人中一四八人、日本では四人です。「日本であれば……。私が医師であれば……」と、これまで何度無念の涙を流したでしょう。

小さい者の小さな働き、それでも今日まで続けることができたのは、神さまの助けによることは言うまでもありません。加えて、問題とすべき事柄に取り組んでいることへの確かな手応えがありました。永遠という時間の中で神さまの働きは続けられていきます。線が点で構成されているように、一点に過ぎない私の働きも神の働きに加えられてゆくことの喜びがあります。

小さな働きであっても失望することがなかったのは、これらによるものと思っています。

ジェームスのクリスマス

クリスマスというとかつての同僚を思い出します。彼の名前はジェームス、ケニアで生まれ育ったケニア人です。

ケニアは一九六〇年代の初頭、統治国であったイギリスから独立しました。ジェームスの父と兄は、イギリスとの独立闘争に加わって殺害されました。さらに母もこの闘争に加わって投獄され、激しい拷問を受けました。解放されたときにはすっかり容貌が変わって、幼かったジェームスには母であることがわからなかったと言います。彼女は解放後まもなく悲嘆の内に亡くなり、このときジェームスは六歳、残った家族はひとりの妹だけでした。

孤児となったジェームスは、ある宣教師の支援によって何年も遅れて小学校へ入学し、大学まで行きました。そして彼は国際的な援助団体で働き、やがて私どもの国際飢餓対策機構で働くようになりました。私がジェームスに出会った一九九三年当時、彼は家庭を持ち四人の子どもの父でした。

ジェームスは、孤児という背景からくるのか、多くの人が見逃すような点に気付く人でした。

アメリカ人やイギリス人、オーストラリア人など、英語が母国語である人たちが同僚という職場で、言葉に悩んでいた私を励ましてくれたのでした。

ジェームスの家庭の経済事情は、ケニアでは中流と言えるでしょう。豪邸を所有する富裕層ではなく、貧困家庭でもありませんでした。ナイロビの郊外に持ち家があり、敷地内には十数羽の鶏を飼っているケニアではよく見られる家庭でした。

クリスマスの近づいたある日、ジェームスは四歳から十歳の子どもたち四人を集めて言いました。「今年のクリスマスは、貧しい人たちへ贈り物をするため、君たちへのクリスマスプレゼントはないけれど、これでいい？」と。すると子どもたちは全員父に賛同したと言います。この年ジェームス家族が、スラムの貧しい人たちへ贈ったクリスマスプレゼントは、何十キロかのジャガイモとキャベツでした。

マザー・テレサは、「生きている愛は傷つきます」と言っています。愛には、犠牲や何らかの痛みが伴うと言うのです。ジェームスが子どもたちに与えたクリスマスプレゼントは、目に見えるものではなく見えないものでした。それは、優れた愛の教育として彼らの心に残っていることでしょう。あれから十数年、彼らはどのような大人になっているのか会いたいものです。

人間の尊厳について

神は御自分にかたどって人を創造された。神にかたどって創造された。

（創世記一・二七）

人間の尊厳について真剣に考えさせられたのは、今から三十数年前、看護師として働いていた二十代の半ばでした。

一九八〇年代の初頭、私は当時勤務していた病院でＩＣＵ（集中治療室）に配属されます。配属されて間もなく私は、延命治療に対し疑問を抱き始めました。最高血圧が三〇から四〇mmHgであっても輸血をし、点滴をしながら、呼吸器を使い、透析をして、極限まで治療してゆきます。その間、患者さんの容貌が大きく変わってゆきます。ある日、私が担当していた患者さんの鼻や口など、いたるところから出血していました。血液を吸引機で吸引していると、傍らで見ていた患者さんのお嬢さんが顔を覆われました。ご家族にとって愛する人のそうした姿は見るに耐えられなかったのでしょう。当然です。

私は苦悩しました。しかしながら、いのちに関わる繊細な事柄であるため、同僚に打ち明けて論議することはできませんでした。答えを求めて、当時、淀川キリスト教病院でホスピス医であった柏木哲夫先生の講演を聞いたり、ホスピスで亡くなられたご家族の話を伺ったりしました。

そんなとき、私はひとりの患者さんに出会います。それは、ICUの所属長として私たちスタッフをリードしてきた麻酔科の医師・N先生でした。N先生は、肺癌と診断されましたが手術をしないで、治療しながら勤務をしていました。やがて、病棟内にN先生の姿が見えなくなったある日、N先生から「私に会いたい……」と伝えられてきました。病室へ伺うと、N先生は酸素吸入をしながら苦しそうに肩で呼吸をし、抗癌剤の副作用で頭髪はなく、声が出ないため筆談で意思を伝えていました。

「見舞いに来てくれてありがとう。残り時間が少なくなりました。お世話になった人に、心からなるお礼を言ってお別れにしたいのです」から始まり、私が苦悩していたのを御存知のようで、それについて言及し、更に「あなたは、真の看護師になる人だと思う……」。小さなメモ用紙三枚に綴られたN先生の私へのメッセージでした。

私は、名状し難い感動と厳粛な思いでメモ用紙を頂き退室しました。そして、一週間後N先生はお亡くなりになりました。確か享年四十九歳であったと思います。

こと延命治療に関して問題意識を持つのは、概して男性より女性の方ではないかと感じます。この種のセミナーや学会の出席者の多くが看護師で医師は少ないそうですが、ホスピス運動の創始者であるシシリー・ソンダース博士は、女性であり看護師でありソーシャル・ワーカーであったことに得心します。女性が「いのち」に関わることに鋭敏なのは、天性なのでしょう。こうして若い日、苦悩したことの結実が両親を自宅で看取ったことでした。

このことの後、私は聖書を学びたいと強く願うようになりました。数年後、病院を退職して神学校へ入り、やがてアフリカへ遣わされます。退職当時、延命治療に対し結論を見出せないまま臨床を離れるのは不徹底だと思っていましたが、これで終わりではありませんでした。

アフリカに於いて、医療と異なる観点から人間の尊厳について考えさせられたのです。それは、極度の貧困や難民キャンプで暮らす難民の人たちからでした。アフリカの多くの国や地域で、子どもたちやシングルマザー、老いた人や障がいを負った人たちが物乞いをしている姿を、日常的に目にしますが、物乞いは人間の尊厳を損なうものです。

かつて国連難民高等弁務官であった緒方貞子さんは、在任中こういう意味のことを言われました。「難民の人たちが貧しいから、可愛そうだから助けてあげる、のではないのです。人間としての尊厳を何としても守らなければならないのです」と。

人間の尊厳を損なうもの、その最たるものが戦争です。殺戮《さつりく》があり、レイプがあり、死体の遺棄があります。

ルワンダには虐殺記念館が国内に何か所かあり、そこには犠牲者の人骨が多数展示してありますが、人骨は埋葬されるべきだと思います。

戦国時代、高槻領主の父子・高山飛騨守と高山右近は、キリシタン信徒と共に当時忌み嫌われていた死者の埋葬を行っていたそうです。「通常なら朽ちるにまかされるか、うち捨てられる貧しい死者に対しても、キリシタンは同様の葬儀を行っていた。戦乱の最中、人間の尊厳など微塵も感じられない現場に、葬列が続き、詩編の祈りがこだましていた」。（川村信三）

いつの時代も人間の尊厳を守るために働いた優れた人たちがいました。人間の尊厳は、生殖から死、埋葬に至るまで尊ばれることなのです。なぜなら、神にかたどって創られたひとり一人なのですから。

償いと赦しによる和解を模索する　カリサ牧師に聞く

ルワンダ大虐殺《ジェノサイド》の「その後」

一九九四年、アフリカのルワンダで起こった大虐殺は世界を震撼させた。

それから二〇年。現地では今、トラウマを抱え、憎み合ってきた人々の間に和解の橋をかけようとする働きが進んでいる。

その担い手の一人であるカリサ牧師が二〇一二年秋、日本国際飢餓対策機構の招きによって世界食料デー(※1)に合わせて来日した。

ルワンダで知り合った旧知の仲である竹内さんが聞き役となり、カリサ牧師にインタビューを行った。(※2)

※1　世界の食料問題を考える日として国連が制定した日で、毎年十月十六日
※2　文中の〔　〕内は竹内さんの補足

生まれは難民キャンプ

竹内——まず、カリサさんの個人的な背景を教えてくださいませんか。

カリサ　私の両親はルワンダ生まれです。私は二人が避難した隣国ブルンジの難民キャンプで生まれ、そこで育ちました。

一九五〇年代から六〇年代の初頭にかけて、ルワンダ国内で大きな争乱が起こりました。そのため私の両親はブルンジへ逃れました。当時、父は十八歳、母は十二歳だったそうです。もちろん、二人はまだ出会っていませんでした。

母は、中学校へ入学したばかりでした。両親は殺害され、家は焼かれ、何をどのようにしてよいかわからなかったので、近所の人たちとともにかく

ブルンジへ逃げたと言います。母の住んでいた場所がブルンジとの国境に近かったためです。

一方、父もブルンジへ難を逃れてやってきました。父と母は、ルワンダ国内では異なる所に住んでいて面識はありませんでしたが、ブルンジでは同じ難民キャンプにいました。その難民キャンプには教会があり、ブルンジ人の牧師がいました。彼は、国連難民高等弁務官事務所（UNHCR）でも働いており、食料や薬などを配布していたのです。

この牧師が、母を家に連れて行き、そこで彼女はお手伝いさんとして働くようになりました。実は、父もこの牧師が奉仕していた教会で働くようになり、二人はこうして出会って、後に結婚しました。

劣悪な環境だった、難民キャンプ

カリサ　私が生まれたのは一九六六年です。家族は両親と三人の兄弟、二人の姉妹と私で八人いました。そのほかに二人の姉妹がいましたが、幼いときに亡くなりました。
当時、難民キャンプでの乳幼児の死亡率は八〇パーセントと非常に高く、わずかに二〇パーセントの赤ちゃんが生きながらえて大人になったのです。環境が大変劣悪で、多くの人が栄養失調でした。難民数一万人以上を有するキャンプでしたが食料を得るのは大変困難だったのです。医薬品も診療所もなく、水さえありませんでした。私たち家族も二日間、何も口にすることができなかったときもありました。

しかも難民は、ブルンジ政府の指示によって頻繁に移動させられました。居住地として許された場所は林や藪《やぶ》の中であり、木を伐採して開墾し、住居を作らされました。やがて、その場所が良好な場所となるとブルンジ政府は別の場所に移動を命じてまた開墾をさせるのです（森林では蚊が多く、マラリアに罹《かか》って死亡する人が続出していた）。このような環境では、私たちができるのは、水で濡《ぬ》らした布を額に当てて冷やすことくらいでした。

竹内──あなたも含めて、難民たちはクリスチャンだったのですね？

カリサ　そうです。ルワンダはキリスト教国なので、多くの難民もクリスチャンでした。「神

フィルバート・カリサ 氏
ルワンダ難民の子どもとしてブルンジで生まれ、29年間を難民キャンプで過ごす。聖公会牧師。REACHの創設者であり、代表を務める。1996年よりルワンダ在住

は、どこに？」という疑問や神に対して憤りを持つ人もあれば、祈り続ける人もいました。ともあれ、あまりにも大きな苦難でした。

ハンディキャップのある人との出会い

竹内――二九年間、ブルンジに難民として過ごしたあなたは、どのようにして聖職者になったのですか。どのように神はあなたを召されたのですか。

カリサ　生まれてから十二歳ごろまで、難民キャンプ以外の生活を知らなかった私は、難民としての生活に疑問を抱くことはありませんでした。たとえ劣悪な居住環境で今日食べるものがなく、薬もなく、死にゆく人を日常的に目にしていても、それが当たり前の生活だったのです。

十四歳のとき、両親は私を学校へ行かせることができなくなりました。小学校は難

ルワンダ大虐殺とは

アフリカの中部ビクトリア湖の西にあるルワンダ共和国は、第一次世界大戦まではドイツ領東アフリカの一部であった。しかしドイツの敗戦後はベルギーの委任統治領となり、ルワンダ国王を通してベルギーが統治する、いわゆる間接統治が行われていた。

民族的には多数派で農業を主体としたフツと、少数派で牧畜を主体としたツチに大別される。しかしもともと両者の区分はそれほど明確ではなく、宗主国のベルギーが支配を容易にするために少数派のツチを優遇し、民族対立の種を蒔いたと言われる。

1961 年に王制が廃止されて共和国となり、62 年に独立。植民地時代の反動で、独立後は多数派のフツが権力を握り、ツチを組織的に排除するようになった。以後、30 年にわたって数十万人のツチ難民が生まれる原因となった。

周辺国に逃れたツチ難民は 1987 年にルワンダ愛国戦線（RPF）を組織し、1990 年からは政府との間で内戦に突入した。1993 年 8 月、こうした事態を収束させるために、国連の立ち会いのもとでフツとツチの間に、タンザニアのアリューシャで平和協定が締結された。国連平和維持部隊も展開し、一時は内戦が終息するかに見えた。しかし、翌 1994 年 4 月にフツの大統領が飛行機事故死したのをきっかけに事態は急変。フツ政府と軍が市民を煽り、組織的にツチ市民を大虐殺した。RPF が 7 月に首都キガリを掌握して事態を収束させるまでの 100 日間に、一説では 100 万人以上の犠牲者が出たと言われる。

内戦終息後、国連安全保障理事会は、ツチ主導のルワンダ新政府の要請を受けて、ルワンダ領域内および隣接諸国において虐殺や非人道行為を行った者を訴追・処罰するためのルワンダ国際戦犯法廷を設置。これによって裁かれた加害者が多数収監され、その後刑期を終えて出所している。2003 年には国民投票によって新憲法が採択され、大虐殺後の国民和解と復興を目指した国づくりが始まり、現在に至っている。

＊

この虐殺は当時の国際社会に衝撃を与え、日本のマスコミでも頻繁に取り上げられた。中でも、教会関係者にとって衝撃だったのは、多数の市民が教会で殺され、また、教会が事件の当事者になったことだった。いかにしたら信仰が民族的対立と憎しみを越えることができるのか、重い課題がつきつけられた出来事だった。　（『信徒の友』編集部）

民キャンプにありましたが、中学校〔secondary schoolは六年間で、日本の中学・高校をさす〕へ行くには、ブルンジ政府の学校に授業料を納めなければなりません。初めの二年間だけは中学校へ行くことができたのですが、やがて授業料を支払うことができなくなり、学業を断念せざるをえなかったのです。そのとき、私は両親や牧師らに対し怒りを覚えました。「願い、祈れば、神は与えられる……」と教えられていたからで、神を信じることができなくなりました。

ところが十六歳のとき、教会にひとりのクリスチャンが証しにやって来たのです。彼は、ハンディキャップのある人で車椅子に乗っていましたが、聖書を持って神を讃《たた》え、自身を恵まれた者として語ったのです。その姿を見て私は驚きました。そして自分が彼より恵まれているのに不平不満を言っていることに気づかされました。その出会いを通して、私はクリスチャンになる決心をしました。一九八二年七月二十八日のことでした。

幸いにその後、UNHCRより奨学金を得て復学し、二年間の学びの後、卒業しました。

聖職者への道

カリサ 私はクリスチャンになったわけですが、やがてもっと神さまのことを知りたい、聖書を読みたいと思うようになりました。そこで父に、神学校へ行きたいと伝えました。なぜなら、聖書を読んでも理解するのは容易ではなかったからです。

こうして十八歳からブルンジの神学校で四年間学びました。小さな街にあった神学校へ行くため（寮生活であったろう）、難民キャンプを出ましたが難民であることに変わりはありません。

卒業後はブルンジの聖公会の教会で働き始めました。病院や学校、刑務所などでチャプレンとして三年余り働き、一九八九年に牧師となりました。

一九九一年、英国から奨学金を得て留学しました。そして同年、ブルンジで結婚式を挙げました。

一九九四年にルワンダで大虐殺が起き、翌年、妻と子どもとそのルワンダを訪問しました。

大虐殺直後のルワンダへ

竹内——大虐殺後のルワンダを初めて訪問したときの感想を聞かせてください。

カリサ　大きな衝撃でした。ほとんどの人々はトラウマを負い、犠牲者や加害者、友人や親族などの間に一致はなく、混沌《こんとん》としていました。教会はというと、ビジョンやリーダーシップがなく、リーダーたちの間でさえ対立がありました。
教会や虐殺記念館といった場所ばかりでなく、さまざまな場所で死体（おそらく白骨化した遺体）を目撃しました。そのため、私自身もトラウマを負いました。

また、大虐殺後一年たった当時、レイプされた少女や女性たちが産んだ多くの赤ちゃんが藪などへ捨てられていました。「悪だ」「邪悪だ」と呼ばれ捨てられていたこれらの赤ちゃんたちを、警官が病院や孤児院へ連れて行くのを見たのです。このことにも大きなショックを受けました。

さらに、十三歳から十六歳くらいまでのティーンエイジャーたち（虐殺によって両親を亡くし孤児となった一家の最年長者たち）が、一家を支えているのを見ました。彼らは、まるで父親や母親のように、弟や妹たちに食べ物を与えなければならなかったのです。彼ら自身がまだ教育を受けなければならない世代であるにもかかわらず、その重責を担い、苦悩していることに強い痛みを覚えました（ここで言う「教育」は、初等教育を指す。彼ら、または彼女らは小学校を終えないで弟や妹たちの面倒をみている。虐殺によってこのような孤児の家庭が多数生まれ、二〇〇六年当時、私の記憶に間違いがなければ、このような家庭が約八〇〇〇世帯存在していた）。

人々を蝕《むしば》む極度の貧困もショックでした。食べ物はおろか、飲料水さえわずかでした。人々はトラウマを負い、職を失い、怒りや悲嘆が覆っていました。モラルは低下し、ルワンダに希望はありませんでした。

私の神学校での最終学年の卒業論文のテーマは「いかにして教会は癒やしと和解をもたらす

ことができるか」でした。そのために、ルワンダでインタビューをしたのですが、そのインタビューでも大きな衝撃を受け続けました。そして論文の執筆中に、ルワンダで働くよう強い召しを感じました。

憎み合った者同士の和解への道

竹内——あなたはREACH《リーチ》という団体を立ち上げ、活動しています。どういった団体なのでしょうか?

カリサ　ＲＥＡＣＨ（Reconciliation Evangelism And Christian Healing）とは、ルワンダで平和と持続可能な開発、一致と和解、赦しを推進するために活動しているクリスチャンの非営利の団体です。一九九六年の設立以来、宗教指導者、政府、他の団体と共に活動しています。

このＲＥＡＣＨには、私のすべての背景、つまり難民としてキャンプで生まれ育ったこと、チャプレンとして学校や病院、刑務所で奉仕したこと、教会について持った疑問や卒業論文の執筆過程で体験したこと、神さまに仕えたいという願望、これらすべてがつながっています。

私の子どもたちには、私のような苦しい経験をしてほしくはないのです。だからそのためには変革が必要なのです。ＲＥＡＣＨはそのための働きです。

竹内――REACHが行っている赦しと和解のための活動について教えてください。まず、ルワンダでは、大多数の人がクリスチャンであり、少数のイスラム教の人がいるということですが、宗教が混在する中でどのように和解を進めるのでしょうか。REACH主催のセミナーにおいて、参加者の宗教が異なる場合、和解はどのように進められるのでしょうか。

カリサ　赦しと和解は、クリスチャンであっても難題です。もしルワンダ人のクリスチャンが全員真のクリスチャンであれば虐殺は起きなかったでしょう。しかし実際は多くのクリスチャンは、信仰者として神と交わり、回心後使命感を持って生きるクリスチャンではなく、名ばかりのクリスチャンなのです。

加害者と被害者の共同農作業

また宗教の異なる者同士の和解ということですが、これには多くの知恵が必要です。ただし、セミナーの中で特に宗教、信仰について論議はしません。なぜなら、虐殺当時、誰もがルワンダにいたのです。ですから宗教や信仰についてではなくルワンダ人について議論します。何を信じていたかではなく、何が間違っていたのか、虐殺が起きた原因は何か、なぜ人々は殺し合ってしまったのかという点に焦点を置きます。これは大きな課題、大きな問いなのです。

赦しと償い

竹内——答えはありますか。

カリサ　「何がわれわれに分裂をもたらしたのか」、「何が虐殺へと導いたのか……」、セミナーではこれを問いますが、実は、私自身、明確な回答を持っていません。各自異なる見解があり、それぞれの背景があるのです。

分裂をもたらしたのはルワンダを植民地化した宗主国なのか、宗主国と手を組んだ宣教師たちなのか、政治的指導者なのか、無知なのか、嫌悪や憎悪なのか……いろいろな見解がありま す。

ですからセミナーで私は、答えを持っているような、わかったようなふりはしません。なぜなら、私も教師ではなく参加者の一人であるからです。あくまで一人の参加者として、「和解というのは政治的な事柄なのか」、それとも「聖書的・信仰的な事柄なのか」、あるいはもっと他に由来するものなのか……こうした疑問を提示しています。

政治的な事柄としては、今日、ルワンダ政府は和解が可能であると言います。分裂しないよう地域を支援し、身分証明書には、ツチ、フツの記載をなくしました。労働者として雇用する場合、双方を採用しなければなりません。例えば、略奪した土地があるならば元の持ち主に返還し、家を盗んだのであれば家主に返還する……政府は、これが和解であり正義であると考えています。また他の人は、聖書的な和解を考えるでしょうし、別な人は自分自身との和解を考えるかもしれません。

しかしどのような和解を考えるにしろ、それには償いと赦しの双方が必要なのです。加害者は、神と被害者に謝罪し、被害者は加害者を赦す、この二つのことが必要なのです。どちらか一方だけでは和解は成立しません。セミナーにおける私の立場は、この二つを促進し、お互いを受け入れ合うように導くことです。

スポーツによる和解

発見され、尊厳をもって埋葬される遺体

憎しみからの解放を

竹内――「赦し」は、どんな場合でも大変困難です。特にルワンダ人は、一度に複数の家族や大切な人を亡くし、その上に、加害者を赦すという難しいことに直面しています。同国民同士が殺し合うという経験は、日本人には理解が難しいことですが、この作業をどのようにされているのでしょうか。

カリサ　人間にとって「赦す」ことは、至難の業です。赦す側と謝罪する側の両方、どちらにとっても容易ではありません。

ＲＥＡＣＨは、喪失感や怒り、トラウマ、憎悪や悲嘆などの中にある犠牲者を時間をかけて精神的に支援しています。

憎悪は、加害者ではなく被害者自身に大きな打撃を与え、多くのエネルギーを消耗させます。憎しみを抱くことは、その人自身を蝕んでゆき、内面的・精神的な死をもたらします。憎悪を抱き続けて生きることはできません。憎悪が蛇だとするなら、内に住む蛇はその人を食い尽くしてしまいます。ですから、赦すことは、加害者ではなく被害者自身にとって必要なのです。

例えば、私も親戚を数名殺されましたが、報復することではなく赦すことを選びました。なぜならそれが私にとって良いこと、必要なことだからです。それを加害者に伝えます。加害者は、なぜ赦されたのか、疑問に思うでしょう。だから、なぜ、どのように赦したのかを明らかにするために、何らかの具体的な行為・手段を通して赦したことを示して証明する必要があります。また償いも、具体的な行為を通して表明されなければなりません。あなた（被害者、加害者）は、何をしなければならないか、あなたの役割は何か……、を問うのです。

REACHでは、具体的、現実的方法を示しつつ、和解の長い過程を共に歩むのです。

竹内――これからの計画を教えてくださいますか。

カリサ　いくつもありますが、一つ目は、現在REACHは隣国のコンゴ民主共和国とブルンジで活動を始めようとしています。すでにこれらの国の人々と関係を持ち、その人たちをルワンダへ招

家の再建を、加害者と被害者が共同で行っている

いて一週間滞在してもらい、ルワンダにおけるREACHの働きを学んでもらっています。

二つ目は、平和教育です。ルワンダばかりでなく、ケニア、スーダン、コンゴ民主共和国、ウガンダ、ブルンジなど、国内で対立や衝突のある国が多くあります。国民がなぜ対立してしまうのか、なぜ民族が対峙《たいじ》し合うのか、その構造を越えていくキーワードは平和教育だと思うのです。

そのため、小学校や中学・高等学校などで行う平和教育のカリキュラムを作りました。それは「どのようにして対立の中を生きていくのか」「紛争や国外逃亡をいかにして回避するのか」「平和と調和をいかにして作るのか」を学ぶ教育です。

現在の子どもたちがピースメーカー、つまり平和を築く人とならなければなりません。今は試験的にこのカリキュラムを行っていますが、これが成功したなら、公立の学校で採用されるよう国の教育機関へ働きかけるつもりです。私たちの未来が良いものになるためには、平和こそ重要なのです。

三つ目は、他の国の人々が、REACHが行う教育や訓練を受けるための宿泊施設を拡充することです。現在の収容人員は一八名分しかありません。この施設を拡張し、もっと多くの人が滞在できるようにしたいと思っています。

他にもたくさんありますが、いずれも、もし神さまのみ心ならば実現すると思っています。

緊迫する日中間に平和の構築を

竹内――今まではルワンダ人の課題をうかがってきました。日本または日本人クリスチャンに対して何かメッセージがありますか？

カリサ　日本人クリスチャンは、少数でありながら影響力が大きいと聞いています。しかも、ルワンダのように名ばかりのクリスチャンではなく、救われ、召された者として強く意識して生きているクリスチャンが多いと思います。しかし他方、圧倒的多数の人がクリスチャンではなく、クリスチャンは少数派のままだと言います。それはなぜなのか。伝道についてどのように考えているのでしょうか。私はそれを知らないので、教えてもらいたいと思っています。

最後に、現在緊張の度合いを増している日中関係のことを考えています。日本人クリスチャンはこの問題をどれほど真剣に考え、対処しているのでしょうか。平和のために政府や関係機関に何か働きかけているのでしょうか。また日中の教会やクリスチャンの間で話し合いはもたれているのでしょうか。何かメッセージを伝えているのでしょうか。

私の体験上、当初は小さな問題であっても、やがて大きくなって世界中に影響を与えかねない紛争へと発展してしまうことがあります。日本と中国の間に紛争が起きたなら、世界中がマイナスの影響を受けることでしょう。そのために日本人クリスチャンは何ができるのか、そのことを課題として考えてほしいと願っています。

（二〇一二年十月十五日、東京にて）

対談を終えて

竹内 緑

ルワンダにおいて家族に関する質問は、タブーとされています。なぜなら、大虐殺によって家族を失い、あるいは収監され、あるいは現在も難民として国外に居住している……などの痛みを伴う事情があるからです。この種の質問を一切しないで、ルワンダの人が自分から家族のことを語ってくれるまでには、年単位の時間を要します。しかしながら、カリサ牧師は忌憚《きたん》なく語られました。これだけのことをルワンダで聞くことは難しいでしょう。

難題である「和解と赦し」に取り組む人だからこそ知る現実的かつ具体的な課題は、平板でないことを教えられます。聖書にあるから、クリスチャンだから赦しなさい……とは言えません。カリサ牧師が「憎しみを抱いて生きることはできない。憎しみはその人を蝕《むしば》み、精神的な死を意味する」と言い、「殺害者（加害者）のためではなく、被害者自身のために赦す」ことの必要性を強調されたのは、端的で意味深いことです。

さらに「答えを持っていない……」と言って、虐殺が起きた原因を簡単に扱わないことに、カリサ牧師や REACH の懐の深さと知恵を感じます。

難題に直面しているルワンダの人たちから教えられることが、他にもあります。私にとってルワンダで労することは、赦されなければならない罪人でありながら、赦すことのできない自身の信仰を省みつつ掘り下げてゆくことかもしれません。

これから願うこと

「ルワンダで心の傷を癒やす働きを……」と示されたのは、二〇〇二年から二〇〇三年にかけてであったと記憶しています。アメリカでの学びが終盤に近づき、「次はどこで、どのような働きをするのか」、断食をしながら真剣に神に尋ねてのことでした。しかしながら、この働きが示された後、カウンセラーでない私がこの任に就くことに躊躇《ためら》いがありました。

お笑いになるかも知れませんが、あのマザー・テレサは看護師ではありません。彼女はスラムでの働きを始める前、病院で短期間の訓練を受け、その間猛勉強をしたそうです。知的ハンディを持った人たちと暮らす「ラルシュ」の創設者であるジャン・バニエもその道の専門家ではありません。更に医師である中村哲氏は、用水路を作って何万というアフガニスタンの人を救いましたが、土木工学は独学でした。これらの優れた信仰者に励まされ、私も現場で実践と共に少しずつ学んでゆけばいいのではないか、と考えたのでした。

もう一つは、チーム医療という考え方です。日本では一人の患者さんに対し、多くの専門家が関与します。主治医、看護師の他に、精神科医、産婦人科医、ソーシャルワーカー、カウンセラー、栄養士、理学療法士、地域の開業医、訪問看護師や保健師など、一〇人余りの専門家が入院中から退院後を含む治療に関し論議し、より良い治療とケアーを追及してゆきます。「トラウマは人間の機能において生物学的な面から社会的な面まで全ての面をおかすものなので、その治療は総合的でなければなりません。」（久留一郎）

人間の全領域において治療の必要なトラウマは、心理学的なアプローチだけでは足りないということです。私たちの小さな働きの中で、多くの専門家を採用することはできませんが、目指すところは全人的かつ総合的なアプローチです。

ルワンダの専門家と共にチームを作り、トラウマを癒やすという私たちの働きは、二〇一五年二月より始まりました。活動の場所は、ルワンダの首都・キガリから南へ数十キロのリリマという所です。そこは、九〇パーセント余りの人が農業に従事していますが、降雨量の少ないことから収量は少なく、そのため貧困家庭の多い地域です。

ここで、私たちはトラウマを負った女性とその家族を支援しています。なぜ、家族を含めて支援しなければならないか。それは、女性が抱えた問題を解決しなければ、治療の効果は得られないからです。加えてトラウマと貧困は共存しているため、医療費や食費の支援、カウンセリング、自立のための職業訓練や農業指導、牧師による聖書の学びなどを行っています。

私たちの働きの特徴の一つは、重症のトラウマを負った女性と家族に住まいを提供し、私たちと共に生活をしつつ、治療を行っていることにあります。トラウマの人には、「安全、安心、安眠」が重要であると言われています。つまり精神的、肉体的な安全を確保することによって、安心が得られ、それが安眠に繋がり、症状の軽減になるからです。

これらの女性たちが負っているトラウマの原因は、大虐殺、ＤＶ（家庭内暴力）、貧困と一様でなく、それぞれに固有の支援と関わり方があります。

最初に受け入れた女性は、ＤＶによるトラウマで、夫から暴行を受け、地域や教会からも理解されず行き場を失って、追い詰められた状態でした。彼女が私たちと共同生活を始めた当初、強い頭痛がありました。彼女に鎮痛剤を与え、食事や衣類を与え、話を聴いてゆく内に徐々に回復してゆきました。

二か月後、彼女の夫が私たちの所へやって来ました。彼女と夫、私たちスタッフに牧師さんを交えて、五時間話し合いました。結果、この女性は夫の元へ戻ることを決断しました。彼女の身の安全を確認し、私たちはそれを受け入れました。以後、彼女と夫、三人の息子たちへのカウンセリングを続け、子どもたちには日曜学校へ、大人には聖書の学び会を企画し参加を促してきました。

やがてふたりは、飼っていた一頭の乳牛を売却し、それを元手に崩れかかっていた家を補修しました。それまでは、見るも無残な家屋でしたが、コンクリートを使用し改築されて立派になりました。ふたりに生きる意欲と積極性が生まれたのでした。夫は、自らの素行の悪さを認め、信仰者・クリスチャンとして歩みたいと言います。一方、妻は夫に対する態度、特に自身の言動が悪かったと告白しています。支援を始めて一年、このご夫妻は私たちの支援を終了しても構わないと言います。私たちもその時期が来たと考えています。

この女性がシェルターを去った後、別の女性とその家族を受け入れました。二例目の女性は、大虐殺によって家族全員を亡くし彼女だけが生存しました。争乱当時十三歳だった少女が辿った二〇年余りは壮絶で苦難の道でした。そのため、彼女のトラウマは重く、時に凄まじい症状が現れます。時によって異なる症状に、私たちスタッフは翻弄されますが、最大の被害者は彼女の家族です。

彼女は、七人の子どもを持つシングルマザーです。私たちの所へ来た当初、生後四か月の乳児から十四歳までの子どもたちでしたが、下から三人の乳幼児は栄養失調でした。彼女は極度の貧困家庭で、食べる物がないとき、野生の植物を取って食べていたと言います。

母である彼女に症状が現れたとき、子どもたちを世話することはできません。加えて、彼女は子どもたちに対し言葉と行為による暴力を加えていました。そのため、このような環境で育った子どもは、一〇年二〇年を経て複雑な形をとってトラウマが現れると言われます。次世代のトラウマを生まないため、子どもたちへのケアーが必要です。

この家族が私たちと一緒に暮らして一〇か月、家族全員の体重が増えました。この女性は、八キロの体重増加があります。最近、彼女の表情が落ち着いて、母としての自覚と責任ある行動が見られるようになりました。将来について尋ねると、「子どもたちは将来、苦しんでいる人を助ける人になって欲しい」と言います。

私たちの働きは、四人のトラウマの女性とその家族を入れて二〇人を支援するという小さなものです。その四人の内の重症の女性とその家族に住まいを提供し、私たちと生活を共にしながら治療してきました。短い経験で結論付けることは控えなければなりませんが、この働きの根底に愛があり、その上に専門性があるのではないかと考えます。貧しく他から顧みられなかったトラウマの女性と子どもたちと接していて、愛ある関わり方と愛あるケアーが重要だと感じています。神さまが許されるならこの働きを一〇年余り続けること、そして近い将来、現在と同じ手法でルワンダの別の地域でも実施することも願っています。これが主のみ心に適うものであれば、必要な全てを主が備えてくださるでしょう。

ところで、この働きが示されてから着手するまでに一〇年の歳月が過ぎました。その間、両親を送り、二〇年近く属していた組織を離れ、竹内を支える支援会が立ち上げられました。これらは、私にとって大きな転機となりました。

両親が亡くなり、家族では私の世代が年長者になりました。つまり、戦争を知らない家族になったのです。「父が亡くなり、屏風が取り去られて死が眼前に迫って来るようになった……」と誰かが言ったように、両親を看取って自らの死を強く意識するようになりました。加えて年を重ね、次世代に語り継ぐことがあると考えるようになりました。

それは、アフリカでの体験に限りません。いつの間にか消失していた日本の習慣や伝統など、若い人たちへ語っておくべきではないかと思い始めました。幼いころ、祖母や両親が戦争の体験や当時について話したとき、嘲笑していました。しかし、馬耳東風であっても残っているものは少なからずあり、今では語ってくれたことへの感謝の念があります。

このような願いを主が聴いてくださったのでしょう。日本キリスト教団出版局のご厚意により この小著が刊行される運びとなりました。深く感謝いたします。

できれば、この小著が平和の尊さを知る手立てとなり信仰の成長の一助になることを願っています。

二〇一六年一月

ルワンダの首都・キガリにて　竹内　緑

初出一覧

「自分の人生を肯定してほしい」

『こころの友』2013 年 5 月（日本キリスト教団出版局）

第 1 部　アフリカに生きる

『信徒の友』2012 年 4 月号から 2013 年 3 月号（日本キリスト教団出版局）

第 2 部　神の働きに加えられて

「小さな働き」の意味	『信徒の友』2011 年 9 月号
ジェームスのクリスマス	日本国際飢餓対策機構ニュースレター（2010 年発行）
人間の尊厳について	書き下ろし
ルワンダ大虐殺の「その後」	『信徒の友』2013 年 1 月号

あとがきにかえて　　書き下ろし

竹内　緑（たけうち・みどり）

1954年鳥取県に生まれる。

鳥取県立中央病院へ看護師として約12年間勤務する。

1992年から2010年までNGO（非政府組織）の日本国際飢餓対策機構に属し、海外駐在スタッフとして主にアフリカの緊急救援チームの一員として労する。

2014年よりルワンダへ赴き、心に傷を負った人を支援する働きを始める。

【支援会】竹内 緑を支えるルワンダの会
設立：2012年10月21日
事務局：鳥取県八頭郡八頭町宮谷224-1　日本キリスト教団八頭教会内
TEL：0858-72-0075
E-mail：mtakeuchi.rwanda@gmail.com
現地に赴き、トラウマを負った人の癒しの活動をする竹内緑さんを、祈りと経済的な援助で支える会です。どうぞご支援ください。
　寄付金受付：
　郵便振替口座番号：01330-5-102074
　加入者：竹内緑を支えるルワンダの会
　ゆうちょ銀行：記号15250、番号3593801

ルワンダ　闇から光へ
命を支える小さな働き

2016年4月20日初版発行　　ⓒ竹内　緑

著者　竹内　緑
発行　日本キリスト教団出版局
〒169-0051　東京都新宿区西早稲田2丁目3の18
電話　営業03-3204-0422／編集03-3204-0427
http://bp-uccj.jp/
印刷・製本　河北印刷
カバーデザイン　向谷地ひろむ
本文DTP　株式会社 m2design

ISBN978-4-8184-0895-1 C0025 日キ版
Printed in Japan

●
日 本 キ リ ス ト 教 団 出 版 局 の 本
●

虹を駆ける天使たち　ナイロビの子どもたちと共に生きて

市橋さら　著

●四六判／194頁／1600円

家族とともにケニアの首都ナイロビへ渡って25年。彼の地でスラムの子どものために学校を開いて10年。様々な困難が押し寄せる中、神さまを信じて歩んできた年月を記すドキュメンタリー。「誰かのために生きる。そんな人生はおもしろく、エキサイティングです」。

ひかりをかかげて
岩村 昇　ネパールの人々と共に歩んだ医師

田村光三　著

● A5判／114頁／1200円

ローティーン向けキリスト者伝記シリーズ「ひかりをかかげて」の1冊。1962年、ヒマラヤがそびえるネパールへと降り立った岩村昇医師。公衆衛生医として多くの出会い、人々の温かさに触れながら、「みんなで生きるため」、18年の歳月をネパール医療に捧げた。

私を変えた聖書の言葉

三浦綾子、小塩　節、日野原重明　ほか　著

●四六判／162頁／1800円

聖書から深い示唆や慰めを与えられることや、生き方を根本から変えられることがある。著者15人が自らの体験を通して、特に、教会の扉を開けたばかりの人に、道を求めている人に向けて、キリスト者としての生き方・考え方を語りかける。

（価格は本体価格です。重版の際に定価が変わることがあります）